행운을 부르는
20가지 습관

행운을 부르는
20가지 습관

더글러스 밀러 지음 | 정지현 옮김

행운은 스스로 만드는 것

시그마북스
Sigma Books

행운을 부르는 20가지 습관

발행일 2013년 11월 15일 초판 1쇄 발행
지은이 더글라스 밀러
옮긴이 정지현
발행인 강학경
발행처 시그마북스
마케팅 정제용
에디터 권경자, 양정희
디자인 김세아, 김수진

등록번호 제10-965호
주소 서울특별시 영등포구 양평로 22길 21 선유도코오롱디지털타워 A404호
전자우편 sigma@spress.co.kr
홈페이지 http://www.sigmabooks.co.kr
전화 (02) 2062-5288~9
팩시밀리 (02) 323-4197
ISBN 978-89-8445-556-6(13320)

The Luck Habit

Sigma Books is a division of Sigma Press, Ltd.

행운은 매달 찾아온다.

그러나 그것을 맞이할 준비가 되어 있지 않으면

거의 다 놓치고 만다.

이번 달에는 이 행운을 놓치지 말라.

- 데일 카네기 -

| 차 례 |

"나는 행운이 기회를 알아보는 감각과 그것을 이용할 수 있는 능력이라고 생각한다. 누구에게나 불운은 따르지만 또한 누구나 기회를 얻는다."

_새뮤얼 골드윈Samuel Goldwyn, 영화제작자

행운은 존재한다. 어디에나 존재한다. 우리는 행운이라는 말을 항상 쓰면서도 그 실제적인 의미에 대해서는 깊이 생각해보지 않는다. 흔히 '때와 장소가 잘 맞았다'나 '장소는 맞았지만 시간이 맞지 않았다'와 같은 표현 또는 '무엇을 아느냐가 아니라 누구를 아느냐가 중요하다'라는 전형적인 운명론자들의 말에 '행운'의 의미를 함축시키기도 한다. 하지만 그것이 행운의 모든 것은 아니다. 『행운을 부르는 20가지 습관』은 인생에서 우리가 통제할 수 없는 부분도 있다는 사실을 받아들이는 데서 출발한다. 하지만 '누구를 아느냐'가 중요하다고 생각한다면, 행운을 부르는 습관을 가진 사람은 '제대로 된 사람들'을 아는 사람이라고 할 수 있다. '누구를 아느냐'만큼 '무엇을 아느냐'도 중요하다는 것을 인정하자.

사람들은 대부분 '행운'과 '운명'을 혼동한다. 운명은 우리의 생각과 행동은 물론, 삶에서 일어나는 모든 일에 '통제하는 존재'가 있다는 믿음이다. 종교적인 믿음이 그것을 뒷받침한다. 이 책은 당신이 무엇을 했든 언제 어디에 있었든 상관없이 일어나는 '사건'들이 아니라, 당신이 직접 만드는 행운에 대해서 이야기한다.

흔히 '운명론자'들은 처음부터 운을 타고난 사람들이 따로 있다는 식으로 이야기한다. 그러나 정자와 난자의 행복한 만남으로 창조가 이루어진 순간부터 미리 운명이 정해져 있다는 맹목적인 믿음이야말로 삶에 가장 파괴적인 영향을 끼친다.

운명론자들의 말도 맞다. 운명이 미래를 좌우한다고 생각하는 사람은 살면서 언제나 그 사실을 확인하게 된다. 항상 그 자리에 편하게 앉아서 무슨 일이 일어나기만을 기다릴 테니까 말이다. 즉 당신이 운명을 통제하지 않기로 선택했기 때문에 운명이 당신을 통제하는 것이다.

자신과의 대화

몇 년 전, 오래전부터 전해 내려오는 말을 살짝 바꾼 버전을 알게 되었는데 이는 지금까지도 강렬한 인상으로 남아 있다. 그 내용은 다음과 같다.

막대기와 돌은 내 뼈를 부러뜨리지만,
말은 나를 영원히 파괴할 수 있다.

MTV 방송에서 어느 뮤지션의 가사를 들은 것인데 아마도 그는 타인의 말이 우리에게 끼치는 영향력을 이런 식으로 가리킨 것이리라. 정말로 말은 우리를 영원히 파괴할 수 있다. 하지만 우리는 그 생각을 늘 하지 못한다. 사실 말은 타인의 말도 중요하지만 우리가 자신에게 하는 말이 더 중요하다. 우리는 매일 자신에게 많은 이야기를 하면서 살아간다. 어떤 일이 왜 일어났는지또는 왜 일어나지 않았는지, 어떤 일이 일어났고또는 일어나지 않았고 왜 그렇게 반응했는지또는 왜 전혀 반응하지 않았는지 평가하는 것이다. 이처럼 여러 상황에서 우리가 자신과 나누는 대화는 매우 중요하다.

그 대화는 이 책에서 매우 중요한 부분을 차지한다. 행운을 부르는 습관은 대부분 SIDsound inner dialogue, 건전한 내면의 대화에 귀를 기울이는 것이기 때문이다. 그 대화는 운명론적일 수도 있고 자기 믿음의 부재를 나타내는 것일 수도 있다. 이는 제6장에서 인맥 쌓기의 기술에 대해 살펴보면서 SID의 힘에 대해 보게 될 것이다. 이 책에서는 처음부터 끝까지 긍정적인 자신과의 대화가 중요함을 강조한다.

행운의 조건들

첫 장은 행운의 조건 스무 가지를 소개하는 질문들로 이루어져 있다. 그 질문들은 당신이 자신의 삶에 대해 생각해볼 수 있게 한다. 특히 개인적인 경험을 이끌어내므로 이 책에 소개된 이론적이고 실제적인 도구를 삶에 적용해볼 수 있다.

　그 이후로 쭉 행운의 조건 스무 가지를 소개한다. 그것들이 합쳐져 행운을 부르는 습관이 만들어진다. 행운의 조건 스무 가지는 총 여섯 장에 걸쳐 소개될 예정이다. 각 장에 대한 간략한 소개는 다음과 같다.

제2장 **행운을 부르는 것**. 당신에게 맞거나 맞지 않는 일일 때 어떻게 '느껴지는지'에 대한 내용이다. 전혀 연관성을 느끼지 못하는 일이라면 계속 할 이유가 없다.

제3장 **배움**. 배움은 '나는 모든 것을 알지 못하고 알 수도 없어'라는 겸손함과 '하지만 최대한 배우고 싶어'라는 열정에서 시작한다. 당신이 이 책을 읽고 있는 이유도 배움에 대한 욕구 때문이다. 배움의 욕구가 없으면 성장할 수 없다.

제4장 **수행**. 직장이나 가정이나 취미 활동에서 당신이 생각하는 수준을 뛰어넘어서까지 실력을 발휘할 수 있는 방법을 소개한다.

제5장 **목적**. 인생 목표가 있든 단기 계획에 따라 살아가든 현재를 즐기며 살든 사람들에게는 대부분 인생의 목적이 있다.

제6장 **사람**. 이 장에서는 인맥 쌓기, 신용 쌓기, 불편한 사람 대하기 등에 대해 살펴본다. 당신의 인생은 사람과의 관계에 초점이 맞춰져야 한다.

제7장 **기회**. 언제나 엄청난 기회를 잡고 운이 따르는 것처럼 보이는 사람들이 있다. 하지만 그것은 단순한 행운이 아니다. 그들이 자신의 인생에 대해 생각하고 행동으로 옮기면서 스스로 만든 행운이다.

운 좋은 6인

살면서 느끼는 가장 커다란 위안은 자신뿐만 아니라 다른 사람들도 수많은 시련을 겪는다는 사실이다. 문제는 누구에게나 있다. 기회가 누구에게나 있는 것처럼 말이다.

이 책에는 독자들이 행운을 부르는 습관을 기를 수 있도록 탁월한 삶을 살고 있는 여섯 명의 인터뷰를 실었다. 그들은 유명인사는 아니지만 행운을 부르는 습관을 어떻게 기를 수 있는지 훌륭한 본보기를 보여준다. 그들이 어떤 사람들인지 짧게 소개하겠다.

조너선 본드Jonathan Bond

"당신은 스스로 잘하고 있다고 생각하겠지만 그렇지 않을 수도 있어요."

조너선은 영국 최고의 로펌에서 HR 디렉터로 일하고 있으며《더 로이어The Lawyer》지가 선정한 '올해의 HR 디렉터'에 오르기도 했다. 그는 법률과 금융 부문의 세계적인 조직에 몸담아왔다. 그는 "성공한 사람에게는 평론가가 생긴다"라는 동료의 말을 인용하는 걸 좋아한다. 치열한 법조계에서는 얼굴이 두꺼울 필요가 있다.

조너선을 소개하는 이유

조너선은 성공적인 커리어를 쌓고 있다. 그는 자신의 분야에서 성공하기 위해 자칫 감정적으로 반응할 수도 있는 피드백을 개방적인 태도로 받아들여야만 했다. 그는 조직 내부의 서비스 팀을 이끌고 있기 때문에 타인이 무엇을 원하고 필요로 하는지에 대해서도 민감하게 반응해야 한다. 그의 경험담은 제3장 '배움'과 제4장 '수행' 편에서 큰 도움이 되었다.

애덤 지|Adam Gee

"저는 인맥을 쌓는 게 즐거워요."

애덤은 영국 방송 멀티플랫폼 대화형 프로그램을 제작하는 전문가이다. 그는 현재 런던에서 채널 4의 멀티플랫폼 편집자로 활동하고 있다. 그가 최근에 참여한 작품으로는 휴 피언리 휘팅스톨Hugh Fearnley Whittingstall과 함께한 〈빅피시 파이트The Big Fish Fight〉, 〈그레이트 브리티시 프로퍼티 스캔들The Great British Property Scandal〉, 〈제이미의 드림스쿨Jamie's Dream School〉 등이 있다.

애덤은 BAFTA영국 아카데미 3회, RTS 어워드 3회, 미디어 가디언 이노베이션 어워드 2회, 디자인 카운슬 밀레니엄 어워드 1회, 뉴욕 국제 영화와 텔레비전 페스티벌에서 그랜드 어워드 수상 등을 비롯해 각종 국제 시상식에서 70회 이상을 수상했다.

그는 BAFTA 텔레비전과 대화형 엔터테인먼트 위원회에서 활약했으며 유럽영화아카데미에서 투표권을 가진 멤버로도 활약하고 있다. 컬처24Culture24의 이사, D 파운데이션, 《디스오더Disorder》지의 고문으로도 활동 중이다.

애덤을 소개하는 이유

애덤은 인간관계 기술이 무척 뛰어나다. 그는 창조성을 자신은 물론 타인의 창조성 중요시하며 적극적으로 인맥을 쌓는다. 무엇보다 그는 개인적인 목적을 위해서 인간관계를 맺지 않는다. 타인에게 흥미를 느끼기 때문에 인맥을 쌓는다. 인간관계에 대한 애덤의 관점은 제6장 '사람' 편에서 확인해볼 수 있다.

버니스 모란 Bernice Moran

"가슴에 귀를 기울이세요."

버니스는 에어링구스에서 일했던 아버지 덕분에 어렸을 때부터 비행에 큰 관심을 가졌다. 결국 그녀는 여러 시련을 극복한 끝에 꿈을 이루었다. 라이언에어에 입사함으로써 유럽의 최연소 여자 기장이 된 것이다. 하지만 그녀의 꿈은 계속 되었다. 그녀는 버진 애틀랜틱에 입사하고자 하는 꿈을 키웠다. 조종사가 된 지 8년이 지난 지금, 그녀는 버진 애틀랜틱에서 보잉 747기를 조종하고 있다. 버니스는 '운'이 좋지 않았다. 그래서 꿈을 이루기 위한 굳은 의지와 노력, 분명한 판단이 필요했다. 지금 그녀는 특별한 행사를 위한 디저트를 만드는 사업체도 운영하고 있다.

버니스를 소개하는 이유

버니스는 행운을 부르는 습관에 중요한 두 가지를 보여준다. 그녀는 어린 시절부터 꿈에 귀를 기울였고 분명한 사고를 통해서 구체적인 목표를 계획했다. 그녀의 이야기는 제5장 '목적' 편에서 만날 수 있다.

모 나잠Mo Nazam

"전 맹렬하게 달려들었습니다."

모 나잠은 세계적으로 유명한 기타리스트이자 음악을 가르치는 강사이다. 그는 유명 재즈 그룹 '재즈 워리어스Jazz Warriors'를 비롯해 수많은 그룹에서 연주했고 팝스타들의 세션 작업에도 참가하면서 1980년대에 불어온 영국 재즈 부활 운동의 선봉에 섰다. 그는 런던에 있는 로열 페스티벌 홀을 비롯해 전 세계 유명 공연장에도 섰다.

현재 그는 문화, 종교, 음악적 배경이 서로 다른 뮤지션들을 하나로 모으는 베라카 프로젝트Berakah Project를 이끌고 있다. 또한 그는 《기타리스트》 지에 꾸준히 글을 기고했으며 약 10년 가까이 자선단체 프린스 트러스트의 강사이자 음악 워크숍 대표로 활약했다. 뿐만 아니라 그는 키스 웨이스Keith Waithe's의 마쿠시 플레이어스Macusi Players의 일원으로 여왕과 찰스 황태자 앞에서 공연을 했었다. 그것을 계기로 2005년 버킹엄 궁전에서 열린 행사에 초청되기도 했다.

모를 소개하는 이유

모는 현재의 실력을 키우기 위해 피나는 노력을 기울였다. 수많은 시련조차 기타에 대한 사랑을 저버리게 할 수는 없었다. 그는 꿋꿋하게 계속 앞으로 나아갔다. 그가 시련을 극복한 이야기는 제3장 '배움' 편에서 소개된다.

미셸 릭비 Michele Rigby

> "흥미가 사라졌다는 것을 알면 대책을 강구해요. 그건 마치 죽은 채로 사는 것이나 마찬가지니까요."

미셸은 상업성과 사회봉사의 개념을 합친 사회사업에 몸담고 있다. 그녀는 1995년에 '리사이클 IT!'을 공동창업해서 직업을 구하기 힘든 이들에게 멋진 직장을 제공했다.

그녀는 10년 동안 리사이클 IT!을 경영했고 그 이후로 여러 단체의 디렉터로 일하며 자신의 지식을 다른 사람들과 함께 나누었다. 재활용 산업에 종사하는 기업들을 위한 모임인 RREUSE의 창업 멤버이기도 하다. 그녀는 RREUSE가 설립된 2001년부터 2006년까지 이사회에서 활동했다. 또한 DTI 중소기업위원회와 '사람에의 투자Investors in People'의 임원이자, '소셜 엔터프라이즈 이스트 오브 잉글랜드Social Enterprise East of England'의 CEO로도 활약했다.

현재 그녀는 사회적 약자와 장애우들에게 고용 기회를 제공하기 위해 힘쓰는 단체, '소셜 펌 UKSocial Firms UK'의 대표로 있다.

미셸은 사회기업이 국내 경제 안에서 올바른 자리를 차지하고 사회적 변화를 이끌어내려면 어떤 방향의 정책이 필요한지를 분명히 알고 있다. 그녀는 진정한 '사회적 기업가'이다.

미셸을 소개하는 이유

미셸이 몸담고 있는 분야의 특징상, 그녀는 기회 포착에 민감해져야만 했다. 그녀의 경험은 제7장 '기회' 편에 잘 나타나 있다.

그레그 설 Greg Searle, 대영제국훈장 수상자

"저는 까다롭게 도전합니다."

그레그는 조정 선수로 단기간에 성공을 거두었다. 1989년과 1990년에 월드 주니어 챔피언에 올랐고, 1992년 20세의 나이에는 형 조니와 게리 허버트와 함께 참가한 유타 페어 경기에서 올림픽 금메달을 획득했다. 그의 성공은 그 후에도 계속 되었다. 그는 1993년에 또다시 월드 챔피언에 올랐고 월드 챔피언십에서도 메달을 더 땄으며 1996년 올림픽에서는 동메달을 획득했다. 하지만 2000년에는 힘든 시련이 닥쳤다. 금메달을 기대했던 시합에서 4위에 그치고 말았던 것이다. 그는 당시를 떠올리며 이렇게 말한다. "일이 원하는 대로 안 될 수도 있어요. 전 천하무적이 아니니까요. 얼마든지 쓰러질 수 있죠. 그게 바로 그때 배운 중요한 교훈이었어요."

그레그는 그 후 얼마간 더 조정 선수로 뛰다가 새로운 길을 택했다. GBR 챌린지GBR Challenge와 함께 1년 동안 국제요트대회인 아메리카 컵에 도전한 것이다. 2002년부터 2009년까지는 경쟁 스포츠가 그의 삶에서 차지하는 비중이 조금씩 줄어들었다. 그러던 중 런던 올림픽 개최 확정 소식에 들뜬 그는 다시 현역으로 복귀해서 에이트 경기 출전 자격을 얻었다. 당시 그의 나이 40세였다. 조정처럼 육체적으로 힘든 스포츠에서 그 나이에 그만한 성과를 올렸다는 것은 사실상 그가 세계적인 선수임을 다시 한 번 증명한 셈이었다. 그의 팀은 2010년과 2011년 월드 챔피언십에서 은메달을 획득했다.

그레그를 소개하는 이유

그레그는 열정이 넘치는 젊은 나이에 금메달을 획득했다. 그의 실력은 여전히 최고이지만 젊은 날의 무지함은 사라지고 이제 지혜가 생겼다. 지난 20년 동안 최고 선수로 성공을 거두면서 그에게는 정확한 자기인식이 생겼으며 팀원들과 함께 협동하는 기술도 연마했다. 이는 제4장 '수행' 편과 제6장 '사람' 편에서 소개하겠다.

제 1 장

행운의 조건

당연히 모든 일에는 '행운'이 중요하죠. 행운도 '확률'이에요. 우선 기초
를 제대로 갖춰 놓은 뒤 최선을 다하고 사소한 부분까지 세심하게 신경 써야
성공 가능성이 가장 높아지고 행운이 따라온다는 사실을 명심해야 해요.

_애덤

이 책에서는 행운을 행운의 여신이 내려주는 신비로운 선물이 아니라 스스로 만드는 것이라 본다. 이렇게 행운을 좀 더 다가가기 쉬운 정의로 바꿔 생각하고 행운이 무엇으로 이뤄지는지 안다면 당신은 자신이 아는 사람 중 가장 운 좋은 사람이 될 수 있다.

행운의 스무 가지 조건

행운은 다양한 도구를 활용해서 만들 수 있는데, 이것들이 바로 '행운의 조건'이다. 이 책에서는 행운을 이루는 조건을 전부 소개한다. 먼저 당신의 인생과 각 행운의 조건을 연결시켜주는 질문에 답해보자. 개인적인 경험과 연결 지어야만 이 책을 더욱 효과적으로 활용할 수 있으므로 이 질문은 매우 중요하다.

행운을 부르는 습관에 관한 질문

각 행운의 조건을 설명하는 문장을 눈여겨본다. 처음의 두 질문은 짧은 목록을 만들어야 하지만 대부분은 예, 아니오로 간단하게 답할 수 있다. 대답하기 쉬운 질문도 있지만 곰곰이 생각해볼 필요가 있는 질문도 있다. 질문에 답하다 보면 각 행운의 조건이 어떤 관계로 이어져 있는지 알게 될 것이다. 질문에 답하기 전에 아래의 조언을 명심하길 바란다.

- 모든 질문에 솔직하게 답한다. 희망사항이 아니라 사실을 토대로 한다.
- 당신이 직접 겪은 경험을 떠올리며 답하면 더욱 효과적이다. 문장 옆에 그 경험에 관한 메모를 해도 좋다. 다음 장부터 나오는 각 행운의 조건을 볼 때 그 경험을 참고하면 유용하다.
- 현재 특별히 잘 나가고 있거나 어려운 시기를 보내고 있는 사람이라면 답에 선입견이 들어가기 쉽다. 이는 솔직하게 대답하는 데 방해가 된다. 보통의 일상적인 경우를 떠올려 답해야 한다는 점을 꼭 기억한다.

자, 그럼 지금부터 행운의 스무 가지 조건에 대해 알아보자.

무엇이 행운을 부르나?

행운의 조건 1 자신에게 무엇이 중요한지 알기

행운을 부르는 습관을 기르려면 맨 먼저 자신이 누구고 자신에게 중요한 것이 무엇인지 알아야 한다. 자신에 대해서 잘 알면 일은 물론 놀이에서도 정말로 중요한 것에 시간과 에너지를 집중적으로 쏟아부을 수 있다. 그럴수록 성공 가능성도 높아진다.

■ 일에 관해서 당신이 가장 좋아하는 것들을 적어보자.

_____

_____

_____

_____

_____

■ 이번에는 당신이 가장 좋아하는 취미 목록을 적어보자.

_____

_____

_____

_____

_____

위 목록을 쉽게 만들 수 있었는가? 첫 번째보다 두 번째가 더 쉬웠는가? 일터나 집에서 가장 좋아하는 일을 떠올려보면 당신에게 가장 중요한 것이 무엇인지 간단하고 확실하게 알 수 있다. 물론 취미를 일로 승화시키기가 불가능할 수도 있다. 하지만 새로운 도전과 정복을 가능하게 해주는 취미 활동에서 엄청난 활력을 얻는다면 일에서도 그것이 가능할 수 있다.

행운의 조건 2 **열정과 살아 있음 느끼기**

자신에게 의미 있는 일일수록 뜨거운 열정으로 뛰어들고 그 일에 담긴 가능성에서 흥분과 살아 있음을 느낄 수 있다. 당신도 그런 경험을 해본 적이 있을 것이다. 열정이 있는 일일수록 상상의 나래를 마음껏 펼치고 시간 가는 줄 모르게 집중하고 저절로 기회가 따라오는 경험 말이다. 이런 열정과 몰입은 당신에게 자극제로 작용한다. 눈과 귀가 활짝 열려서 다른 사람들은 보지 못하는 기회를 포착할 수 있다. 이유는 간단하다. 당신이 그것을 원하고 있기 때문이다.

■ 5일 중 최소한 3일은 즐겁게 일한다.
　　□ 예　　　　　　□ 아니오

행운을 부르는 습관은 무덤덤하기보다 적극적으로 일할수록 길러진다. 스스로 원할 때 더 많은 것이 보인다. 열정이 있는 일이라면 역경도 도전이 되어 잠재성을 끌어내 주지만 열정이 없는 일이라면 그저 고역일 뿐이다.

■ 때로는 정신없이 바쁘게 느껴지기도 하지만, 그래도 아무런 일이 없는 것보다는 낫다고 생각한다.
　　□ 예　　　　　　□ 아니오

정신없이 바쁘게 살아가는 것에는 장점도 있고 단점도 있다. 하지만 그러한 상태에서 느끼는 '살아 있는' 느낌은 행복하고 만족스러운 삶을 위해 반드시 꼭 필요하다.

■ 인생은 그냥 지나쳐 보내기에는 너무나 짧다.
    □ 예   □ 아니오

이 문제의 진짜 의미를 아는가? 시간은 금방 지나가 버리고 어느새 "그게 뭐였지?" 하는 때가 온다. 대답은 "그건 당신의 인생이었다"이다. 방황하지 말라는 이야기다. 소파, 인스턴트 음식, 텔레비전은 일주일에 한 번쯤은 괜찮지만 이런 것들은 습관으로 자리 잡기 쉽다. 시시한 것들로 인생의 많은 부분이 그냥 사라지게 두지 말자.

행운의 조건 3 할 수 있다와 할 것이다

지식과 기술할수있다, 그리고 동기할것이다의 조합이 성공을 이끈다. 행운의 습관에는 필요한 행동을 실천에 옮기는 결의가 필요한데, 내면의 동기가 이것을 불태우면서 모든 것이 시작되기 때문이다.

■ 내가 일하는 이유는 오직 연금 때문이다.
    □ 예   □ 아니오

당신이 원하는 것이 그것뿐이라면 앞으로 그것밖에 얻지 못할 것이다. 평생 직장에서 보내는 시간은 80시간~10만 시간 정도 되는데 오직 그 목표만을 추구하기에는 끔찍하게도 긴 시간이다. 마음속으로 퇴직만을 그리는 사람들은 일에서 별다른 의미를 얻지 못한다. 하지만 매일 아침 일어날 이유가 있으면 일에서도 의미를 찾는 데 도움이 되고 기회에도 눈이 밝아진다. 그러면 돈 같은 명백한 것을 초월하는 동기도 찾을 수 있다. 스물다섯 살 때부터 마음속으로는 진즉 은퇴할 수도 있다. 하지만 정말로 훌륭한 사람들은 나이에 상관없이 절대로 세상으로부터 물러날 생각을 하지 않는다.

- 앞으로 2년 동안 내 능력을 발전시키기 위해 뭘 배워야 하는지 분명히 알고 있다.

  ☐ 예   ☐ 아니오

> 가장 운 좋은 사람들은 나이에 관계없이 배움을 절대로 부끄러워하지 않는다. 그들은 지식과 기술을 항상 새롭게 다져야 한다는 사실을 잘 안다.

배움

행운의 조건 4 **실패는 좋은 것이다**

실패는 인생에서 꼭 필요한 부분이다. 실패는 그 원인에 대한 가르침을 줄 뿐만 아니라 그 반응에 따라 앞으로 더 큰 성공을 거두게도 한다. 실패가 주는 가르침을 배울 의지만 있다면 말이다.

- 과거는 배우기 위한 것이고 미래는 살기 위한 것이다.

  ☐ 예   ☐ 아니오

> 누구나 항상 실패를 한다. 제3장에서도 보겠지만 실패가 없으면 성공도 있을 수 없다. 행운의 습관을 가진 사람들은 실패가 성공을 위해 꼭 필요하다는 사실을 잘 안다. 흔히 사람들은 미래의 가능성보다는 과거의 실패에 얽매여 정작 아무것도 실행에 옮기지 못하는 경우가 많다. 처음에는 능력이 부족하다고 느껴졌지만 끈기 있게 의도적으로 연습해서 높은 수준으로 올라간 경험이 있었는가? 어린 시절 취미 활동이 그러했을 수도 있다. 무언가를 잘하게 되면 그보다 훨씬 더 잘하게 될 가능성이 커진다는 사실을 기억하라.

■ 여러 번 실패한 다음에 성공한 적이 있다.

□ 예   □ 아니오

성공하기 위해서는 실패를 몇 번이나 하더라도 견뎌낼 의지가 있어야 한다. 살면서 한 번쯤은
그 사실을 직접 증명해보인 경험이 있을 것이다. 실패를 두려워하지 않는 이러한 사고방식을 또
어디에 적용할 수 있을까?

행운의 조건 5 자신의 능력 알기

현재 가진 기술 이외에 당신이 또 무엇을 할 수 있는지 알고 있는가? 현재의
능력에 안주하면 새로운 기술에 대한 호기심을 잃기가 쉽다. 하지만 그렇
게 되면 정체되고 지루해지며 도태된다. 세상이 당신의 참여 없이 빠르게
돌아가기 때문이다. 운이 좋아지려면 새로운 것에 호기심과 실험 정신을
가져야 한다. 그렇지 않으면 당신에게 또 어떤 능력이 있는지 절대로 알 수
없을 것이다.

■ 새로운 것을 시도했다가 생각보다 훨씬 잘해서 놀란 적이 있다.

□ 예   □ 아니오

그것은 성공에 대한 운명론적인 변명, 초심자의 행운 때문이 아니다. 바로 그 순간 초심자의 행
운이 기적적으로 당신에게 찾아와서가 아니라, 당신에게 그럴 만한 능력이 있었기에 가능한 일
이었다.

- 지금 할 수 있는 일에 대해서 생각해본다면 과거의 나에게는 기분 좋은 놀라움일 것 같다.
  - □ 예　　　　　□ 아니오

물론 개선과 성공은 자신감을 쌓는 데도 무척 중요하다. 하지만 과거에 상상했던 것보다 훨씬 잘할 수 있다는 확실한 기록이 되어주기도 한다.

행운의 조건 6　열린 마음으로 피드백 받아들이기

칭찬이 되었든 비판이 되었든 피드백은 선물이다. 그것을 어떻게 활용하는 지는 당신의 선택에 달려 있다. 타인의 말을 듣자마자 받아들이거나 거절하거나 잘못된 행동을 하지 마라. 충분히 시간을 두고 생각해본 다음에 최선의 반응과 행동을 선택한다.

- 누군가의 피드백에 화가 난 적이 있다. 하지만 지금 생각해보니 그 사람의 말이 맞았던 것 같다.
  - □ 예　　　　　□ 아니오

자신에 대한 어떤 말을 듣거나 평소 속으로 생각하고는 있었지만 남이 몰라주었으면 하는 말이라면 즉각 감정적인 반응이 나올 수 있다. 즉 '받아들이지 않겠어'라는 반응을 하는 것이다. 그러지 않으려면 피드백을 절대로 개인적으로 받아들이지 않는 것이 비결이다.

■ 칭찬을 들으면 당황스럽다.

　□ 예　　　　　　　□ 아니오

> 놀랍게도 많은 사람이 그렇다. 분명히 무슨 일을 잘 해놓고도 "아무것도 아닌데 뭘" 하는 식으로 말한 적이 있는가? 칭찬을 사양하지 마라. 당신이 그 일을 어떻게 성취했는지 떠올리면서 칭찬의 말을 최대한 즐겨라. 성공은 실패만큼이나 소중한 가르침을 주기 때문이다.

행운의 조건 7 배움의 모델 구축하기

어떤 사람들은 타인의 성공을 보고 자신을 비판한다. 그 대신 "저 사람들은 훌륭해. 나라고 저렇게 하지 못하라는 법은 없어"라고 생각해야 한다.

■ 타인의 성공이 즐겁고 그것이 나에게 강력한 동기로 작용했다.

　□ 예　　　　　　　□ 아니오

> 당신은 타인의 성공을 시기하는가? '왜 저 사람은 되고 나는 안 되지?' 시기는 아무것도 하지 못하게 만드는 감정적인 반응이다. 타인의 탁월함을 보고 자신을 깎아내릴 것이 아니라 동기를 얻어야 한다. 그것에 자극을 받아서 더 열심히 할 수 있어야 한다. 타인의 성공에서 가능성을 찾아보는 것이다. '저 사람이 성공해서 잘 된 일이야. 저 사람이 생각하거나 행동하는 것 중에서 내가 하지 않은 것은 무엇일까?'

　다음의 두 질문은 배움의 특별한 측면에 관한 것이다. 나는 이것을 '겸손 지능'이라고 부른다.

■ 지난 6개월 동안 모르거나 이해되지 않는 것이 있을 때 누군가에게 이렇게 말한 적이 있다. "난 잘 모르겠는데 설명해줄 수 있어요?"

　　　□ 예　　　　　　　□ 아니오

'난 모르겠어'라는 말은 타인보다 자신에게 하기가 더 쉽다. 하지만 어떤 사람들은 그 단계도 못 받아들인다. 당신이 모른다는 사실을 인정할 준비가 되지 않았다면 답을 찾아 지식을 쌓으려는 호기심이 부족한 것이다.

■ 모르는 것이 있으면 곧장 인터넷을 검색하거나 책에서 답을 찾는다. 또는 누군가에게 물어본다.

　　　□ 예　　　　　　　□ 아니오

'나는 답을 알지 못한다. 고로 나는 멍청하다'라고 생각하는가, 아니면 '나는 답을 모르고 세상 모든 것에 대해 알지 못하지만 알고 싶다'라고 생각하는가? 지성이란 스스로 열등하거나 우월하다고 생각하는 좁은 시야가 아니라 무언가를 알려고 하는 의지다. 가장 지적인 사람들은 가장 제한적인 사고방식을 가진 사람이 될 수도 있다. 그들은 때때로 "나는 똑똑하다. 고로 내가 옳다"라고 합리화하기도 한다. 이러한 좁은 사고는 배움에 거대한 장벽이 된다.

행운의 조건 8 두려움을 성취감으로 바꾸기

이 행운의 조건은 '기대 불안', 즉 다가올 일에 대한 불편함 또는 두려움을 성공적인 경험으로 바꾸는 것이다. 그러기 위해서는 미래의 사건을 긍정적인 경험으로 생각하는 것이 중요하다.

- 다가올 경험에 대해서 큰 불안을 느껴본 적이 있다. 예를 들어 아는 사람이 하나도 없는 모임에서 사람들과 '어울려야' 한다거나 프레젠테이션을 해야 할 때 불안했다.

  ☐ 예   ☐ 아니오

- 몹시 불안했지만 생각만큼 결과가 나쁘지 않았던 적이 있다.

  ☐ 예   ☐ 아니오

누구나 두려움이 있다. 그 두려움은 자기실현적 예언이 되는 경우가 많다. 불안이 만들어내는 머릿속의 대화로 더욱 불안해지고 그것은 행동에 영향을 끼친다. 하나의 경험만 가지고 전체를 일반화하기도 한다. 사람들과 '어울려야' 하는 모임이나 프레젠테이션마다 전부 끔찍했었는가? 절대로 그렇지 않았을 것이다. 잘 되었을 때는 무엇 때문에 그랬는가?

수행

행운의 조건 9 노력

게으른 사람들은 행운의 습관이 없다. 하지만 죽어라 일만 해야 된다는 뜻은 아니다. 최고의 수행자들은 가장 이로운 일에 노력을 쏟아부어야 한다는 사실을 잘 안다. 그래서 목적의식을 가지고 열심히 일하며 실력을 개선하려고 끝없이 노력한다.

■ 나는 내가 재능이 있는 일과 그렇지 않은 일을 잘 알고 있다.

   □ 예   □ 아니오

재능에 의존해 성공하려고 하면 운명이 자신을 통제하도록 내버려두는 것과 같다. 성공한 사람들은 재능이 도움은 되지만 노력이야말로 진정한 차이를 만든다는 사실을 잘 안다.

■ 무언가를 잘하려면 연습이 필요하다.

   □ 예   □ 아니오

노력에 연습이 더해지면 진정한 차이가 만들어진다. 재능은 고정적이다. 그러나 연습이 더해진 노력은 고정된 결과가 따르지 않는다.

행운의 조건 10 핵심은 무엇인가?

간단히 말하면 당신이 더하는 가치를 이해하고 무엇을 위해 이 자리에 있는지 알아야 한다는 것이다.

■ 내가 속한 집단에서 내가 해야 할 일을 분명하게 알고 있다.

   □ 예   □ 아니오

당신이 어떤 집단의 구성원인 까닭은 그 집단에 기여할 수 있는 구체적인 기술이 있기 때문이다. 예를 들어 스포츠 팀에서 맡은 포지션이라든가 직장에서의 전문지식 등이 그렇다. 또한 무형의 기술, 즉 독창적인 아이디어와 원만한 대인관계 등으로 기여할 수 있다.

■ 함께 일하는 사람들이 나에게 무엇을 원하는지 잘 알고 있다.

　　□ 예　　　　　　　　□ 아니오

> 가장 성공한 사람들은 자신이 하는 일이나 해야 할 일을 분명히 알고 있다. 직장에서 그것은 맡은 업무에만 국한되지 않는다. 최고의 수행도를 위해서 당신이 해야만 하는 일은 무엇인가?

행운의 조건 11 생각하지 않고 생각하기

이것은 더욱 열린 생각을 위한 방법이자 최선의 생각을 위한 조건이기도 하다. 가장 좋은 생각이 바로 떠오를 수 있도록 한 템포 늦추라는 것이다.

■ 가장 좋은 아이디어가 언제 떠오르는지 안다. 금방 목록으로 만들 수 있다.

　　□ 예　　　　　　　　□ 아니오

_____

_____

_____

> 사람들은 문제에 대해 생각하지 않을 때 좋은 아이디어를 떠올리는 경우가 많다. 예를 들면 샤워 도중이나 산책을 하거나 수영을 할 때처럼 말이다. 다시 말하면 머리가 느긋하게 휴식을 취할 때 그렇다.

- 좋은 생각이 떠오르면 새벽 3시라도 메모한다.
  □ 예   □ 아니오

당신은 어떤 생각이 떠오르면 그냥 스쳐 보내는가, 진지하게 받아들이는가? 메모해놓을 정도인가? 내 친구는 문제 해결 모드에 돌입할 때 떠오르는 생각을 적기 위해서 샤워실에 화이트보드를 설치했다. 정말 진지하지 않은가.

- 구글의 검색 결과를 20~30페이지까지 살펴보는 습관이 있다.
  □ 예   □ 아니오

사람들은 명백한 곳에서 명백한 것을 찾는 경우가 많다. 모든 사람이 살펴보는 곳 말이다. 구글 검색의 경우, 첫 페이지에 가장 쉽고 간단한 답이 나온다. 뒤로 갈수록 정말로 흥미로운 답이 나온다. 따라서 당신은 이러한 질문을 떠올려야 한다. '나는 이상하거나 새로운 곳에서 흥미로운 답을 찾으려고 하는가?'

행운의 조건 12 **새로움 유지하기**

한 군데에만 집중하면 사팔뜨기가 될 뿐이다. 금방 지루해지고 싫증이 난다. 하지만 운 좋은 사람들은 호기심이 많다. 언제나 새로운 경험을 찾아 나서고 똑같은 것이라도 다른 방식으로 해보려고 한다.

- 지난 12개월 동안 '집에서 휴가를' 즐긴 적이 있다무슨 뜻인지 모르겠다면 '아니오'라고 답하라.
  □ 예   □ 아니오

주변 환경에 익숙해지면 곧 당연하게 받아들이게 된다. 그래서 주위의 것들을 놓치기 쉽다. 일이나 휴가의 경우도 마찬가지다. 새로운 눈으로 주변을 바라보려면 당신이 사는 동네에서 관광객이 되어라.

■ 무언가를 처음으로 해본 적이 마지막으로 언제였는지 분명히 기억한다 10초 안에 답이 떠오르지 않으면 '아니오'로 답하라.

　□ 예　　　　　　□ 아니오

새로운 시도를 하려는 의지는 기회를 찾는 것의 핵심이므로 행운의 습관이다. 하지만 적극적인 의지여야 한다. 이전의 질문에서 찾은 관점에서 내디뎌야 하는 다음 단계다.

■ 가끔씩이라도 새로운 길로 출근한다.

　□ 예　　　　　　□ 아니오

새로운 길로 출근하는 것은 일상을 타파할 수 있는 작은 시작이다. 그 밖에도 여러 방법이 있다. 다른 길로 가는 것 외에도 평소와 다른 교통수단을 이용해볼 수도 있다. 이렇게 판에 박힌 일과에 변화를 주면 자신과 사고방식을 새롭게 유지하는 데 도움이 된다.

■ 새로운 시도를 할 때마다 '살아 있음'을 느낀다. 그것이 바로 삶이다.

　□ 예　　　　　　□ 아니오

새로운 시도를 하고 싶지 않더라도 괜찮다. 많은 사람이 안정됨을 좋아한다. 하지만 행운의 습관에는 주도성이 꼭 필요하다. 아주 작은 도전 정신이라도 좋다.

목적

행운의 조건 13 인생을 정의하는 목표 세우기

이 책에서 소개하는 모든 행운의 조건은 선택이 가능하지만 이것은 그중에서도 가장 선택권이 넓다. 어떤 사람들은 인생 계획과 원대한 목표가 있어야 성공한다. 이 책을 위해 인터뷰에 참여한 버니스 모란이 그렇다. 그녀는 30년 가까이 원대한 인생 목표 하나를 추구했다. 그런가 하면 단기 목표를 선호하는 사람들도 있고 행운의 조건 15에서 살펴보겠지만 현재를 즐기자는 사람들도 있다. 정답은 없다. 장기적인 목표에 자극을 받지 못한다면 굳이 고집하지 마라. 장기적인 인생 프로젝트가 맞는다면 그것도 잘된 일이다. 자신에게 맞는 쪽을 아는 것이 중요하다.

- 20세 이전에 인생의 목표가 있었다.

  □ 예   □ 아니오

- 비록 이루지는 못했지만 한동안 나아갈 방향을 일러준 인생의 목표가 있었다.

  □ 예   □ 아니오

성인이 되기 전부터 인생 목표를 세우고 끝내 달성하는 사람들이 있다. 하지만 대부분은 그저 꿈이나 환상으로만 남겨둘 뿐 실현하지는 못한다. 행동에는 분명한 생각이 요구된다. 원대한 인생 목표를 이루려면 장기적인 전략을 세워야 하기 때문이다. 하지만 행운의 조건 14의 단기 목표와 마찬가지로 장기적인 인생 계획이 삶의 목적이 되기도 한다.

행운의 조건 14 기간 정하기

장기 목표는 그것을 달성하는 시기가 너무 먼 미래일 경우 동기를 부여하기가 어렵다. 반면 단기 목표는 곧바로 목적을 만들어주고 발전하는 모습을 지켜볼 수 있다. 그래서 목표의 기간을 정할 필요가 있다.

- 단기 목표를 세워서 자신을 개선한다.
   □ 예   □ 아니오

> 단기 목표를 세우면 커다란 목표를 관리하기가 쉬워진다. 또한 작은 목표를 달성하면서 자신의 발전 모습을 확인할 수 있다.

- 무엇이 나에게 정신적 자극을 주는지 잘 알며 그 자극을 주는 목표를 미리 세운다.
   □ 예   □ 아니오

> 단기 목표는 반드시 당신에게 의미가 있는 것이어야 한다.

행운의 조건 15 현재를 즐기기

이것은 절대적이 아니라 부분적인 인생철학이 되어야 한다. 때로는 분석하는 머리가 아니라 가슴으로 살아야 한다는 뜻이다.

- 어떤 날의 문제뿐만 아니라 즐거웠던 일에 대해서도 생각한다.
   □ 예   □ 아니오

> 다른 일에만 정신이 쏠리면 소박한 즐거움을 잊어버리기가 쉽다. 혹은 알아차리지 못할 수도 있다.

■ 가끔씩 충동적으로 행동한다.

    □ 예   □ 아니오

> 자연스럽게 행동하는 순간은 인생에서 꼭 필요한 부분이다. 이 책에서 소개하는 분명하고 신중한 방식을 따라 해도 지나치게 융통성이 없으면 기회와 재미를 놓칠 수 있다.

사람

행운의 조건 16 행동은 행동을 낳는다

처음에는 별로였지만 매우 친하게 되는 사람들이 있다. 그런가 하면 절대로 가까워지지 않는 사람들도 있다. 하지만 그러한 사람들을 최대한 줄일 수 있는 방법이 있다. 타인에게 친절을 베풀어라. 그러면 나중에 그 친절을 되돌려 받을 가능성이 크다.

■ 도저히 참을 수 없는 사람들을 만난 경험이 있다. 절대로 같이 일할 수 없는 사람들이었다.

    □ 예   □ 아니오

■ 별로 마음에 들지는 않지만 그래도 적응하게 된 사람들이 있다.

    □ 예   □ 아니오

> 어떤 사람들에게는 '참기 어려운' 인간관계가 있다. 이때는 타인을 비난하지 말고 자신의 개인적인 스타일을 분명히 밝힐 필요가 있다.

행운의 조건 17 인맥 쌓기

이 행운의 조건은 좋은 의도에서 사람들과 관계를 형성하는 것이다. 단지 목적을 위한 수단이 아니라 즐거움을 느끼기 위해서 인맥을 쌓아야 한다. 세 번째 질문은 이 건전한 습관을 가장 잘 설명해준다.

- 온라인뿐만 아니라 오프라인에서도 인맥을 쌓는 데 열심이다.
  - □ 예   □ 아니오

물론 온라인도 좋다. 하지만 인터넷을 잘 사용하지 않는 사람에게는 소극적인 인맥 수단이다. 가까운 사람들의 연락처 목록도 좋다. 하지만 현명한 사람이라면 더 친해질 가능성이 있거나 잘 알지 못하는 사람들의 연락처를 만들어야 한다. 따라서 온라인이 아니라 직접 대면해야 하는 경우가 많다.

- 친구나 지인들과 연락을 끊지 않는다. 근처에 갈 일이 있으면 비록 오 랫동안 만나지 못했더라도 꼭 연락을 한다.
  - □ 예   □ 아니오

이것은 인터뷰 참여자 중 한 명이자 인맥 쌓기의 달인인 애덤에게 얻은 팁이다. 공백 기간이 있다 해도 연락이 끊어지면 안 된다.

- 나는 서로 도움이 될 것 같은 사람들을 소개해주는 것을 좋아한다.
  - □ 예   □ 아니오

이것은 아주 중요한 행동이다. 당신이 혼자만의 이익을 위해서 인간관계를 맺지 않고 타인을 돕겠다는 것을 보여주기 때문이다. 사람들은 당신의 행동을 기억할 것이므로 장기적으로 봤을 때 당신에게도 이득이 있다.

행운의 조건 18 영향 끼치기

평판과 신뢰는 당신의 영향력을 결정하는 두 가지 중요한 원천이다. 유능한 사람들은 타인을 통해서 결과를 얻어야 하므로 영향력을 발휘할 필요가 있다. 이 행운의 조건은 영향력을 기르는 방법을 알려준다.

- ■ 나는 내 평판이 어떤지와 왜 그런 평판을 얻었는지를 분명히 안다.
  - □ 예   □ 아니오

자신의 평판을 정확히 알고 있는 사람도 있고 제대로 알지 못하는 사람도 있다. 하지만 평판은 영향력을 쌓고 설득과 협상에 활용할 수 있는 주요한 수단이다.

- ■ 대화에서 "날 믿어"라는 말을 사용한다.
  - □ 예   □ 아니오

신뢰는 힘과 영향력의 주요 원천이 된다. 물론 신뢰를 쌓으려면 시간이 걸린다. 나는 "날 믿어"라는 말로 나에게 영향을 끼치려는 사람을 보면 왜 저런 말을 하는지 의심이 든다. 정말로 영향력을 가진 사람은 그런 말을 할 필요가 없기 때문이다.

행운의 조건 19 성공 나누기

타인과의 분위기를 좋게 만들 수 있는 간단한 세 가지 방법이 있다. 바로 칭찬하기, 고맙다고 말하기, 성공을 축하하기다.

- 지난 3개월 동안 타인의 성공을 축하한 적이 있다.

    □ 예   □ 아니오

사람들은 문제와 실패 때문에 고민한다. 실제로 사람들은 다른 사람들의 성공을 축하하지도 않는다는 사실을 느껴본 적이 있을 것이다. 타인의 성공에 대해 언급하는 것은 돈독한 대인관계를 맺는 건전한 방법이다. 당신이 타인의 성공을 알아주면 그들은 기뻐한다.

- 지난 1주일 동안 누군가에게 고맙다는 말을 한 적이 있다.

    □ 예   □ 아니오

감사와 칭찬은 타인을 기분 좋게 하는 좋은 방법이다. 게다가 우리는 자신을 알아준 사람을 기억하기 마련이다. 하지만 함께하는 시간이 길어질수록 서로의 존재를 당연하게 여기기 쉽다. 다른 사람을 기억할 시간을 가져라.

기회

행운의 조건 20 기회 포착하기

행운의 습관을 가진 사람들은 기회가 '다가올 때까지' 그냥 기다리고만 있지 않는다. 그들은 자신을 위해서 적극적으로 기회를 만든다. 그리고 기회가 다가왔을 때 최대한 활용하기 위해서 '대비'한다.

- 어떤 상황에 처했을 때 '완벽한 하나의 정답'보다는 다수의 선택권을 찾는다.

  □ 예   □ 아니오

사람들은 완벽한 반응, 즉 완벽한 하나의 답을 찾으려고 하는 경향이 있다. 하지만 그것은 대부분 뻔한 답인 경우가 많다. 어떤 상황에서든 답은 여러 가지일 가능성이 있다는 사실을 명심하라.

- 지난 12개월 동안 내 아이디어를 누군가 비웃었던 적이 있다.

  □ 예   □ 아니오

사람들은 대개 어리석어 보이고 싶지 않은 이유에서 당혹감을 느끼고 싶어 하지 않는다. 하지만 세상에 어리석어 보이지 않는 사람은 진짜 바보뿐이다. 타인의 비웃음은 당신이 어리석다는 뜻이 아니라, 그들이 창조적인 통찰력을 즐기지 못한다는 뜻이다. 아니면 당신의 유쾌함이 마음에 든다는 뜻이 될 수도 있다. 상상의 나래를 활짝 펴는 재미를 즐겨라. 기회를 잡는 사람은 쉽게 동요하지 않는 법이다. 지금은 비웃음을 사는 아이디어가 성공의 주역이 될 수도 있다.

- 나는 내가 사는 지역에서 가장 높은 곳이 어디인지 알고, 거기에 가본 적이 있다!

  □ 예   □ 아니오

당신은 주변 환경을 새로운 관점으로 바라보는가? 이것은 호기심에 관한 비유적인 질문이다. 기회를 포착하는 사람은 이런 질문을 떠올린다. '어떻게 하면 더 잘, 더 싸게, 더 빠르게, 더 다르게 할 수 있을까?'

■ 아무런 일도 일어나지 않으면 내가 스스로 일을 만든다.

　　□ 예　　　　　　　□ 아니오

권투 선수 출신의 기업가 조지 포먼George Foreman은 '아무런' 일도 일어나지 않는 것이야말로 가장 끔찍한 일이라고 말한 적이 있다. 기회를 포착하는 사람은 현재에 안주하는 경우가 드물다.

■ 눈높이에 있는 것뿐만 아니라 '위쪽'을 보면서 걷는다.

　　□ 예　　　　　　　□ 아니오

이것은 '시야를 넓히는 것'의 중요성을 은유적으로 나타낸다. 사실은 그 이상이다. 눈높이뿐만 아니라 위쪽까지 보면 정말로 근사한 것들이 보인다. 새로운 곳을 바라볼 준비가 되어 있으면 가능성, 즉 기회가 넘쳐난다.

■ 단 몇 분 만에 그저 느낌만으로 인생이 걸린 중대한 결정을 내린 적이 있다.

　　□ 예　　　　　　　□ 아니오

감정에는 올바른 의사결정을 해칠 수 있다는 위험이 따른다. 기회가 빠르게 지나가 버려서 곰곰이 생각해볼 겨를도 없을 때가 있다. 때로는 머리뿐만 아니라 가슴에 귀 기울이는 것이 나을 때도 있다. 아무런 의욕도 없는 논리적인 결정보다는 마음이 이끌리는 결정을 실행에 옮기는 편이 더 낫다.

스무 가지 행운의 조건

스무 가지 행운의 조건은 다음과 같다.

🍀 행운을 부르는 것

행운의 조건 1 자신에게 무엇이 중요한지 알기

행운의 조건 2 열정과 살아 있음 느끼기

행운의 조건 3 할 수 있다와 할 것이다

🍀 배움

행운의 조건 4 실패는 좋은 것이다

행운의 조건 5 자신의 능력 알기

행운의 조건 6 열린 마음으로 피드백 받아들이기

행운의 조건 7 배움의 모델 구축하기

행운의 조건 8 두려움을 성취감으로 바꾸기

🍀 수행

행운의 조건 9 노력

행운의 조건 10 핵심이 무엇인가?

행운의 조건 11 생각하지 않고 생각하기

행운의 조건 12 새로움 유지하기

제 2 장

행운을 부르는 것

이 장에서 살펴볼 행운의 조건

행운의 조건 1 자신에게 무엇이 중요한지 알기

행운의 조건 2 열정과 살아 있음 느끼기

행운의 조건 3 할 수 있다와 할 것이다

TV 코미디가 재미있는 이유는 우리 자신에 대해 말해주는 대사 때문이다. 어처구니없는 장면이라도 우리가 했던 말이나 행동이기에 웃을 수 있다. 하지만 웃음 사이의 진지한 대사가 더 많은 것을 말해줄 때도 있다.

영국의 시트콤 〈온리 풀스 앤 호시즈〉의 주인공 델보이는 동생과 함께 거리에서 온갖 '의심쩍은' 물건을 파는 행상이다. 어느 날 그는 빅토리아 시대의 에그 타이머인 줄 알고 내팽개쳐 두었던 물건이 알고 보니 18세기에 만들어진 값진 회중시계였던 것을 알게 된다. 그는 그 시계를 경매로 넘겼고 하루아침에 부자가 된다. 더 이상 일할 필요가 없어졌다. 하지만 갑자기 많은 돈이 생긴 델보이는 삶에 무언가가 빠져 있다고 느낀다. 그는 동생에게 이렇게 말한다. "이제 뭘 해야 하지, 골프를 배워야 하나? 예전에 느꼈던 것들을 그대로 느끼고 싶어. 열정적이고 살아 있는 느낌을……."

열정적이고 살아 있는 느낌이 없으면 일에서도 인생에서도 성공을 거둘 수 없다. 이러한 느낌은 무언가에 전념하고, 자신에게 옳은 일과 자신의 정체성을 알고, 무언가를 잘하게 해주는 동기와 지식과 기술이 어우러질 때 나온다. 간단하게 말하면 다음 두 가지 조건이 당신의 성공을 결정한다.

- **연관성**: 올바른 선택이라고 느껴지는가?
- **수행**: 할 수 있는가 그리고 잘할 수 있는가?

첫 번째가 두 번째의 원동력이 된다. 이 장에서 살펴볼 행운의 조건 세 가지를 통해서 당신과 일 사이의 연관성을 찾아보자.

자신에게
무엇이 중요한지 알기

"이럴 때도 있고 저럴 때도 있어요. 제가 아무것도 모른다는 생각이 들 때도 있고 가장 잘할 수 있는 일이라는 생각이 들 때도 있고요. 때로는 '저건 그냥 TV야. 생사의 문제가 아니야'라고 객관적으로 생각하지만 '우와, TV는 세상에 엄청난 영향을 끼쳤고 보다 나은 세상으로 만들었어'라는 생각이 들 때도 있어요. 예를 들어 제가 만든 TV 프로그램 〈빅 피시 파이트〉는 유럽의 정책과 슈퍼마켓의 제품수급에 큰 영향을 끼쳤죠. 앞으로 내 아이들이 어른이 되었을 때도 물고기를 먹을 수 있겠죠. 그게 저에게는 큰 의미가 있고 열정에 불을 지펴주죠."

_애덤

행운의 조건에 관한 질문 중 첫 번째 질문은 두 부분으로 이루어진다.

- 당신이 일에서 가장 좋아하는 부분을 열거하라.
- 당신이 좋아하는 취미 활동을 열거하라.

여기에서 일은 나쁜 것이고 취미는 좋은 것이라는 덫에 빠지기 쉽다. 일에 대한 질문의 답은 언제나 따르는 도전, 돈 벌기, 새로운 사람 만나기, 책임 등이 될지도 모른다. 따라서 지식과 기술을 개선하면서 자신을 시험할 수 있다. 하지만 그 밖에도 여러 가능성이 있다.

관심사에 대한 질문의 답도 많이 다르지 않을 것이다. 하지만 당신이 지금 하는 일을 즐기지 않는다면 목록은 더 길어질 수 있다. 위의 질문에 '좋아하지 않는'으로 바꿔서 다시 답을 떠올려볼 수도 있다. 일과 단절되어 있는 사람이라면 꽤 긴 목록이 나올 것이다. 현재 하는 일에 열정을 쏟지 않는다는 사실을 강조하기 위해서 일부러 기다란 목록을 만드는 것이다.

그레그와 애덤의 답을 보면 그들이 자신에 대해 너무나 잘 알고 있다는 것을 알 수 있었다. 그레그의 경우, 강한 경쟁정신을 충족시킬 필요가 있지만, 반면 애덤은 세상에 영향을 끼치는 위치에 놓이는 것이 '열정에 불꽃을 당긴다'고 표현한다.

자신을 끌어당기는 것이 무엇인지 찾는 일이야말로 삶이자 살아 있음이다. 혹자는 나아가 그것이 인간다움이라고 말하기도 한다.

결국은 오래전부터 내려오는 질문으로 되돌아간다. "당신은 일을 할 때 어떤 사람이 되는가?" 자신에게 솔직한 사람이라면 기쁘게 말할 수 있을 것이다. "진정한 내가 된다"라고. 하지만 자신에게 솔직하지 않다면 일에 단절감이 느껴지고 성취감은 느껴지지 않는다. 앞에서 말했다시피 평생 일하는 시간인 80시간~10만 시간 동안 그러한 감정을 느끼게 된다는 뜻이다.

강점과 가치를 찾기

> "지금까지 커리어를 쌓아올 수 있었던 이유요? 저는 맡은 역할이 무엇이든 동기가 부여되어야만 하죠. 겉보기에 그럴듯하다는 이유만으로 어떤 일을 선택해서는 안 됩니다. 초기에 '이 일이 나에게 맞는가?'라는 의문이 있었어요. 나에게 맞지 않다는 신호거나 그냥 앞으로 나아가라는 신호였죠."
>
> _조녀선

심리학자들에 따르면 우리는 가면을 쓰고 살아가는데, 그것은 '진짜 자아'와 '바깥세상에 내보이기 위한 얼굴' 사이의 타협을 상징한다. '진짜 자아'는 누구나 가진 강점이나 가치, 연약함, 심지어 약점이다. 사람들과 어울리고 관계를 형성하고 직장에서 성공하기 위해 우리는 가면을 쓴다. 그러나 당신이 같이 일하는 집단 속에 놓여 있을 때 이것들이 조화를 잘 이루어야만 일과의 연관성을 느낄 수 있다. 그렇다면 이 세 가지에 대해 자세히 살펴보자.

- **진짜 자아.** 당신에게 무엇이 중요한지 분명히 알아야 한다. 진짜 자아는 당신이 진정으로 관심을 기울이는 것과 당신에게 활기를 주는 것, 즉 당신의 핵심 가치에 동기를 부여받는다. 당신의 가치는 당신이 선택한 방향이 옳은지 시험할 수 있도록 해줄 뿐만 아니라 당신이 맞지 않는 길로 나아가고 있음을 경고해준다. 마틴 셀리그먼Martin Seligman 박사의 웹사이트 www.authentichappiness.com에 있는 VIA 성격적 강점 질문을 이용해보라. 당신에게 중요한 분야를 찾는 데 도움을 준다. 셀리그먼 박사는 24개의 강점 중에서 당신이 가진 상위 다섯 개를 가리켜 '대표 강점Signature Strengths'이라고 부른다. 예를 들어 '공정성', '리더십', '진정성', '인내' 등이 될 수 있다. 일이든 취미든 가정생활에서든 이 다섯 가지 대표 강점을 꾸준히 이용할 수 있어야만 행복해질 수 있다.
- **집단.** 조직이나 집단, 팀은 구성원들을 하나로 묶어주기 위한 가치관을 분명히 명시해놓는다. 이 집단은 직장일 수도 있고 스포츠 팀이나 아마추어 연극단, 합창단일 수도 있다. 집단의 가치는 직장의 업무설명서나 모임의 규정에 분명히 적혀 있기도 하다. 구성원들의 행동이나 말을 보면 집단의 진정한 가치를 알 수 있다.
- **나의 역할**가면. 누구나 수많은 역할을 연기한다. 직장에서는 성실하고 혁신적이고 효율적인 역할을 수행해야 한다. 가족이나 친구 관계에서도 저마다 맡은 역할이 있다. 직무 기술서에 적혀 있는 역할도 있다. 하지만 대부분은 모호한 기대를 충족시켜야만 하는 상황일 때가 많다.

당신이 찾고 있는 것은 이 세 가지 요소의 교집합이다. 이것들이 서로 어울려야만 당신과 어떤 일 사이에 연관성이 만들어진다. 그리고 공통점이 많을수록 연관성이 커지고 열정적이고 살아 있는 느낌이 든다. 이 부분은 행운의 조건 2에서 살펴보겠다.

우리는 일 이외의 활동을 통해 본능적으로 이를 느끼려 한다. 예를 들어 체력과 건강도 중요하지만 고독을 즐길 수 있는 스포츠를 원하기 때문에 수영 클럽에 가입하기도 한다. 또 그 클럽에 가입하면 비슷한 욕구와 우선순위, 가치를 가진 사람들과 교류할 수도 있다.

그것이 당신에게 어떤 도움이 되는지 핵심부터 살펴보자. 아래는 두 가지 대안적인 과제다. 첫 번째는 당신의 가치와 욕구의 개념을 지적으로 생각해볼 필요가 있다. 두 번째는 동그라미 세 개로 당신의 연관성을 나타내준다.

옷 입기

다음의 그림처럼 마네킹이 있다. 아무것도 입지 않은 이 마네킹은 '진짜 자아'를 상징한다.

우선 이 마네킹에 옷을 입혀야 한다. 옷은 '집단'을 상징한다. 당신이 그리고자 하는 집단을 떠올려보자. 본보기로 직장을 떠올려본다. 당신의 마네킹은 직장에서 어떤 옷을 입고 있는가? 그 옷은 잘 맞는가? 예를 들어 일반적인 정장은 엄숙하고 통제된 가치를 지닌 집단을 나타내주고, 화려하고 캐주얼하고 개성적인 옷은 창조성과 편안한 환경을 중시하는 집단을 나타낸다.

　벨트는 어떤가? 딱 맞는 벨트는 당신이 통제와 감독이 이루어지는 제한적인 방식으로 일해야 한다는 의미를 가진다. 당신이 그러한 방식을 마음에 들어 한다면 괜찮다. 하지만 마음에 들지 않는다면 큰일이다. 전체적으로 옷이 마네킹에 잘 어울리는가? 다시 말해 당신에게 잘 맞는가?

　이제 세 번째 요소를 살펴보자. 바로 모자다. 원한다면 '가면'이라는 단어를 사용해도 된다. 영어에서 모자는 '직함'을 은유적으로 나타내기도 한다. 사람들은 직장에서 모두 '모자'를 써야만 한다. '관리자'의 모자 같은 것 말이다. 모자가 당신에게 잘 어울리는가? 옷과도 어울리는가? 모자가 크지 않은가? 당신은 중요한 역할을 맡고 있는가? 모자가 옷과도 잘 어울리고 마네킹의 머리에도 잘 맞는가? 그렇다면 전체적인 차림이 잘 어울려 보일 것이다. 진짜 자아와 집단, 당신이 수행하는 역할이 서로 조화를 이룬다는 뜻이다.

현재 맡은 역할이 당신과 어울리지
않는 것처럼 느껴진다.

당신이 속한 조직이 구성원들을
억압하는 경향이 있다.

동그라미 세 개

이것은 마네킹 과제의 대안으로 활용할 수 있다. 그림 그리기가 싫은 사람
에게 적합하다. 여기에서는 세 가지 요소인 진짜 자아, 집단, 나의 역할을
동그라미로 표현한다.

A 진짜 자아
B 집단 / 부서 / 조직
C 나의 역할

공유 가치 – 자아, 집단, 나의 역할

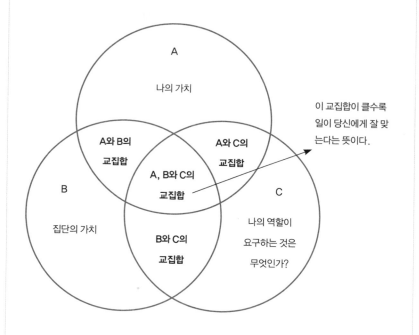

교집합의 정도에 따라 세 가지 요소가 얼마나 잘 어울리는지를 알 수 있다. 동그라미 세 개가 만나는 부분이 전혀 없을 수도 있다. 그렇다면 당신과 집단, 당신의 역할이 심각하게 단절되어 있다는 뜻이다. 하지만 동그라미 세 개가 완전히 겹쳐진다면 당신에게 가장 완벽히 어울린다는 뜻이다.

처음에는 A와 C, 그리고 B와 C 사이의 공통점을 찾은 다음 A와 B의 공통점을 찾는 것이 쉽다. 그.7런 다음에는 A와 B와 C 사이의 공통점을 찾을 수 있다. 긍정적인 부분부터 먼저 시작하는 것이 좋다. 그다음에는 각 요소에 따른 고유한 점을 살펴본다.

타협

당신에게 적합한 일인지는 이 세 가지 요소가 얼마나 잘 맞는지에 달려 있다. 이것은 생계를 위한 일에만 국한되지 않는다. 당신이 즐기면서 많은 시간을 쏟아붓거나 새로 시작하려고 생각 중인 취미 활동에도 해당된다. 당신이 선택한 활동은 대부분 자신과 연관성이 있기 마련이다. 그러나 일에서 느끼는 행복은 당신이 하지 않으면 안 되는 타협의 정도와 기꺼이 준비가 되어 있는 타협의 정도에서 정해진다. 바로 여기에서 행운의 습관이 시작된다. 그것은 일과의 연관성에서 시작한다. 이 연관성은 당신의 직업에 담긴 가능성과 이어져 있다. 연관성이 없으면 가능성이 존재하지 않는다. 이 장의 첫 부분에서 떠올린 질문으로 다시 돌아가보자. '당신은 일을 할 때 어떤 사람이 되는가?' 진정한 자신이 될 수 없는 일이라면 열정도 느끼지 못할 것이다. 따라서 행복하지도 않을 것이다.

♣ *Summary!*

- 가치를 비롯해 당신에게 중요한 것을 분명히 안다.
- 당신이 속한 집단이 가진 가치를 안다.
- 맡은 역할에 따르는 기대를 알아라. 당신은 어떤 '모자'를 써야 하는가?
- 진짜 자아, 집단, 역할이 얼마나 잘 어울리는지 평가한다.
- 타협할 준비를 하라. 완벽을 찾으려고 하면 불행으로 이어진다.
- 잘 어울리지 않는 부분을 고칠 방안을 찾아라. 인생의 또 다른 부분에서도 의미를 찾을 수 있다는 사실을 기억한다.

열정과
살아 있음 느끼기

"꼭 경쟁이 중요한 건 아닙니다. 저는 경쟁 그 자체를 즐겨요. 훈련하는 게 좋습니다. 거기서 느끼는 좋은 기분이 저한테는 가치가 있어요. 비록 훈련이 힘들지라도 결과에 비하면 아무것도 아니죠."

_그레그

"조종석에 앉을 때의 장엄한 느낌 때문이죠. 무게가 400톤이나 되는 비행기에 500명이나 되는 사람들을 태우고 가야 하니까요. 자동 조종장치에서 수동 조종장치로 바꿀 때의 느낌은 말로 표현할 수 없어요. 너무 뻔한 표현처럼 들릴지도 모르지만 마치 복권에 당첨된 기분이랍니다."

_버니스

열정을 느낄 수 없는 일은 단번에 알 수 있다. 좋아하지도 않는 일이지만 몇 가지 이유로 그저 '버티고' 있기 때문이다. 하지만 과연 그것만으로 충분할까? 마찬가지로 '열정과 살아 있음'이 느껴지는 일인지도 단번에 알 수 있다. 모든 것이 이어진 느낌이 들고 일에 몰입함으로써 에너지가 샘솟고 흥분되기 때문이다.

다음의 객관적인 네 가지 '시험'을 통해 당신이 일에서 열정을 느끼는지 알아보자.

- 아침에 일어나자마자 빨리 출근하고 싶어지는 날이 1주일에 3일 이상 되는가?
- 지금 하는 일이 당신의 인생에서 없다고 상상할 수 있는가?
- 새로운 아이디어를 떠올리면서 창조적으로 일하고 있는가?
- 하루에 시계를 보았을 때 생각보다 한 시간 정도 시간이 빨리 흐른 경우가 있는가?

이제부터 차례대로 살펴보도록 하자.

일에 열정을 느끼는가?

"일에 의욕을 느끼지 못하면 바로 잡으려고 노력해야죠. 그건 죽은 채로 살아가는 거나 마찬가지니까요. 출근하기 싫다면 무슨 의미가 있죠? 그런 상황을 그대로 방치해두면 안 돼요."

_미셸

일에 열정과 살아 있음을 느끼지 못하는 사람들은 두 가지 집단으로 나뉜다. 첫 번째는 원래 일에 대해 부정적인 태도를 가진 사람들이다. 두 번째는 자신에게 맞지 않는 일을 하고 있는 사람들이다. 지금 하고 있는 일이 마음에 들기도 하지만 마음에 들지 않는 부분이 더 많다는 뜻이다.

좋아하는 취미 활동이 있는 사람들에게 물어보자. 분명 그들 역시 수영장에 가기 싫거나 기차 모형을 가지고 놀기 싫거나 뜨개질을 하기 싫은 이상한 날이 어쩌다 가끔 있다고 할 것이다. 아무리 좋아하는 일이라도 가끔씩 쉬었다가 하면 오히려 기운이 샘솟는다. 어쩌다 출근하기 싫은 날이 있는 것도 지극히 정상이다. 하지만 그런 날이 계속 이어진다면 문제가 있다. 끔찍하게 싫으면서도 20년째 똑같은 일을 하는 사람들이 있다. 그것은 심각한 시간 낭비다. 나는 그런 사람들에게 제발 직업을 바꾸라고 말한다. 당신도 똑같은 상황이라면 그래야 한다. 이것은 매우 심각한 문제이며 책이나 직업 코치를 통해 도움을 받을 수 있다. 당신은 그러한 상황이 아니기를 바라지만 대부분의 사람들은 자신이 하는 일에서 마음에 드는 부분이 있고 그렇지 않은 부분이 있다. 그러니 당신이 일에서 좀 더 열정과 살아 있음을 느낄 수 있는 방법은 분명히 존재한다.

머리에 아침식사를

이것은 당신이 싫어하는 것들을 먼저 제거하라는 은유적인 표현이다. 그렇게 하고 나면 열정을 느끼는 일에 재능을 쏟아부을 수 있다. 그 일은 당신이 속한 팀이나 비즈니스가 성공하도록 도와줄 것이다. 또한 당신은 조직의 소중한 구성원으로 인정받을 수 있으며 성공 기회도 더 커진다.

어떻게

과학적인 이야기를 좀 하겠다. 신경과학 연구에 따르면 어떤 두 사람이 '이어질 때', 그들은 비슷한 영역에서 뇌의 전기 활동이 이루어지고 도파민 같은 신경호르몬이 분비되어 행복한 느낌이 샘솟는다고 한다. 혹자는 그 과정을 가리켜 '신경계의 와이파이가 작동한다'고 표현하는데, '행동은 행동을 낳는다'는 옛말이 정말인 셈이다.

내일 이것을 한번 시도해보면 그 효과에 놀라게 될 것이다. 아침에 일어나서 그날 어떤 '사람'이 될지 한 단어를 떠올린다. 이를테면 '흥미로운', '친절한', '긍정적인', '도움이 되는' 등이 될 수 있다. 온종일 그 단어를 상징하는 사람이 되기 위해 노력하고 결과를 지켜보자. 당신이 그런 사람이 되기 위해서 하는 모든 행동은 타인에 의해 자신에게 되돌아올 것이다. 결과적으로 당신은 물론 상대방도 기분이 좋아지며 선순환이 시작된다.

갑자기

2008년 9월, 500개가 넘는 영국의 대형 슈퍼마켓 울워스Woolworths 체인점이 일제히 문을 닫았다. 수많은 사람이 직장을 잃었고 거리에서는 더 이상 울워스의 간판을 볼 수 없게 되었다. 하지만 도체스터Dorchester점의 매니저 클레어 로버트슨Claire Robertson은 폐점에 굴복하지 않고 한 달 후 '웰워스Wellworths'라는 새로운 이름으로 다시 문을 열었다나중에 '웰체스터'로 변경. 그 소식은 TV 방송을 통해 전국에 보도되었고, 개점까지의 상황을 그린 다큐멘터리가 BBC의 황금 시간대에 방송되었다.

그 성공 스토리의 하이라이트는 한 직원이 자신의 책상으로 돌아가 소중한 일을 되찾은 사실을 기뻐하며 눈물을 흘리는 장면이었다. '잃어버려야 소중함을 안다'는 옛말이 다시 한 번 증명되었다. 과연 그녀는 매장이 폐점하기 전까지 일의 소중함을 느껴본 적이 있었을까?

비즈니스 이론가 아이착 아디제스Ichak Adizes는 다음과 같이 말했다.

"인생에서 가장 좋은 것은 그것의 부재로 알 수 있다. 병에 걸리기 전까지는 건강의 소중함을 모르고, 외로워야만 사랑의 가치를 깨달으며, 독재를 경험해야만 민주주의의 장점을 알게 된다."

실험

당신이 어떤 일에 시간을 보내기로 선택하든 진정으로 그 일에 열중한다면 창조성, 놀이의 재미 그리고 실험 정신 같은 유쾌한 부작용이 발생한다. 일명 '소피도Thorpedo, 소프의 성(姓)과 스피드, 어뢰(torpedo)를 조합한 별명 - 옮긴이'라고 불리는 올림픽 수영 금메달리스트 이안 소프는 열두 살 때 더 이상 기록이 향상되지 않앗다. 그때 그는 다리를 차지 않고 더 멀리까지 '뻗으면' 어떻게 될지 궁금했다. 실제로 수영선수들은 언제나 '킥'이 중요하다는 가르침을 받는다. 그의 기록은 여전히 좋았다. 하지만 새로운 '뻗기' 기법과 함께 다시 킥을 하기 시작하자 기록이 눈에 띄게 향상되었다. 이안은 수영을 하면서 실험놀이을 한 것이었다. '놀이'와 실험 정신은 호기심에서 나온다. 자신과 연관성을 느끼는 일일 때에만 호기심이 생기고 진정으로 몰입할 수 있다.

당신은 '어떻게 하면 더 잘, 더 빠르게, 더 싸게, 더 쉽게 할 수 있을까?' 생각할 것이다. 기회에 마음을 열고 호기심을 가진다는 뜻이다. 그것은 창의성의 형태다. 어떤 일에 그런 마음으로 임하지 않으면 '열정적이고 살아 있는 느낌'을 받지 못한다는 신호다.

시간

어떤 일에 깊이 빠진 느낌을 알아차린 적이 있는가? 재미있는지 없는지조차 생각하지 않고 그 질문의 필요성 자체를 느끼지 못하므로 시계를 보니 어느새 생각보다 시간이 훨씬 많이 지나 있었던 경험 말이다. 그것이 바로 '몰입'이다. 취미 활동을 할 때 자주 몰입을 경험한다. 시간 가는 줄도 모르고 책이나 잡지를 읽다가 내려야 할 정류장을 지나친 경험이 있을 것이다. 몰입 상태는 자신이 하는 일과 정말로 하나되어 그 일의 가치를 안다는 뜻이다. 일과 놀이는 몰입 경험을 축적하는 것 이상의 의미가 있지만 계속 몰입할 수 있는가는 '열정적이고 살아 있는 느낌'을 평가하는 좋은 기준이 된다.

❀ *Summary!*

- 자기의식은 당신이 일에 정말로 몰입하는지 그저 헤매면서 시간만 낭비하는지를 알려준다.

- 일을 즐기지 않는다는 사실을 깨달았다면 해결책을 찾아라. 그렇지 않으면 '방황'하게 된다.

- '이것이 진정한 나인가?' 일을 할 때 어떤 사람이 되는지 생각해본다. 내가 아니라 다른 사람이 되지는 않는가?

- 일에 대한 가치를 찾기 어려울 때마다 갑자기 그 일을 빼앗긴다면 어떤 기분이 들지 생각해본다.

- 호기심은 인생의 여러 부분에서 순수한 연결성과 흥미를 나타내주는 일반적인 신호가 된다.

- '몰입'하는 시간을 소중히 여긴다.

행운의 조건 3

할 수 있다와
할 것이다

자신에게 맞는 일을 하는 것행운의 조건 1 참고이 행운의 조건 2에서
느끼는 매우 예민한 상태와 관련 있다는 사실을 볼 때, 행운의
조건 3의 유사성 또한 짐작해볼 수 있다. 성공은 아래 두 가지
의 결합에 달려 있다.

- **지식과 기술**－'할 수 있다'
- **지식을 응용하려는 동기**－'할 것이다'

이 두 가지 하위 요소는 다음의 모델로 설명할 수 있다.

할 수 없다, 하지 않을 것이다

이러한 유형의 사람들을 만나본 적이 있을 것이다. '몸만 그 자리에 있고 마음은 없는' 자세로 살아가는 사람들이다. 어떤 사람들은 직장에서는 그러한 특징을 보이지만 그 외 활동에서는 '할 수 있다, 할 것이다'의 태도를 보인다. 당신도 어떤 분야에서는 '할 수 없다, 하지 않을 것이다'에 해당되지만 다른 분야에서는 정반대일 수도 있다. 당신은 그 이유를 명확하게 알고 있을 것이다.

할 것이다, 할 수 없다

'할 것이다'에 추진력이 더해지면 빨리 배울 수 있게 된다. 다음 장에서는 배움'할 수 있다'에 대해 자세히 살펴볼 예정이니 여기에서는 당신의 필요를 알아볼 수 있는 간단한 과정만 소개한다.

- **나는 어디에 있어야 하는가?** 이것은 모든 기준의 토대가 될 수 있다.
- **지식의 격차는 무엇인가?** 이것은 당신의 현재 위치와 가고자 하는 위치의 차이를 나타낸다.
- **차이의 증거는 무엇인가?** 당신의 수행과 행동에 따른 구체적인 보기들을 사용한다. 타인의 피드백^{행운의 조건 6 참고}, 자신의 실제 경험, 직감 등을 사용한다.
- **차이가 존재하는 이유는 무엇인가?** 동기의 부재가 원인이 될 수 있다^{'할 수 있다, 하지 않을 것이다' 부분 참고}. 하지만 가장 중요한 것은 당신이 모든 것을 알 수 없다는 점이다. 행운의 습관을 가진 사람들은 이 사실을 잘 알고 지식과 기술의 부재를 해결해야 할 필요성에 긍정적으로 반응한다. 안타깝게도 자신감 없는 사람들은 단점을 타고난 것이라고 치부해버린다. 이러한 사고방식은 아무런 도움도 되지 않는다. 다음 장에서 다시 살펴보도록 하자.
- **해결책은 무엇인가?** 당신에게 무엇이 필요한지 알고 지식과 기술의 격차를 메울 의지가 있다고 가정할 때, 가장 첫 단계는 당신의 니즈에 대한 답을 찾는 일이다. 그 답은 개인의 니즈에 따라 달라진다.

할 수 있다, 하지 않을 것이다

이것은 동기의 부재로 요약된다. 당신이 이 경우에 해당하는 이유는 다음과 같다.

- 지금 하는 일에 전혀 연관성을 느끼지 못한다. 변화가 필요한 때인가?
- 당신의 인생에 더 크고 중요한 일이 있을 수도 있다.
- 일의 경우만 그렇다면 당신은 일을 생계 수단으로만 생각한다는 뜻이다.
- 원만하지 못한 대인관계 때문에 고통 받고 있을 수도 있다. 제6장 '사람' 편에서 자세히 살펴보자.
- 당신에게 너무 큰 책임이 주어졌을 수도 있다. 누구나 큰 짐을 지면 부담스러운 법이다. 당신에게 그 짐을 지우는 사람들과 이야기를 해볼 필요도 있지만, 무엇보다 부담감을 줄이고 균형을 찾을 수 있는 장치가 마련되어야만 한다. 행운의 조건 9에서 자세히 살펴보자.

할 수 있다, 할 것이다

'할 수 있다'와 '할 것이다'가 합쳐지면 매우 강력한 힘이 발휘된다. 이것은 행운의 습관을 가진 사람들의 특징이기도 하다. '할 것이다'는 마음대로 끄거나 켤 수 있는 수도꼭지가 아니지만 무엇이든 적극적으로 시도하는 사람들에게서 나타난다. 당신도 비슷한 경험이 있을지 모른다. 아마 그 순간의 에너지가 계속 이어지지 않는다는 사실도 깨달았을 것이다. 나는 행운의

조건 1의 연관성과 행운의 조건 2의 '열정적이고 살아 있는 느낌'이 내면의
'의지'를 불러내는 데 큰 역할을 한다고 본다.

무엇이 최선인가?

> "'맹목적인 낙관주의'의 장점도 경험을 통해 잘 알고 있어요. 처음 금
> 메달을 땄던 스무 살의 저한테는 그게 있었죠. 언제나 문제 해결 방법
> 이 있다는 생각은 건전한 사고방식이에요. 올림픽 금메달리스트이면
> 서도 부족한 점이 많았지만 물론 스스로는 알지 못했죠. 승리하고 나
> 서 자존감이 많이 올라갔어요."
>
> _그레그

꼭 하나를 골라야만 한다면 '할 수 있다'가 가장 좋다고 할 수 있다. 지식이
좀 부족하더라도 단호한 의지가 있으면 성공할 수 있다. 그레그는 스무 살
때 맹목적인 낙관주의의 힘 덕분에 올림픽에서 금메달을 딸 수 있었다고
말한다. 많은 사람이 낙관주의에서 힘을 얻었을 것이다. 하지만 어느 시기
에 이르면 시험을 받게 된다. '할 것이다'라는 파도를 탈 때는 '할 수 있다'
를 무시하면 안 된다. 그 파도는 결코 친절하지 않으니까 말이다. 여기에서
'할 것이다'는 긍정적인 수단으로 활용되어야 한다. 애초에 무언가를 배우
려면 동기가 필요하기 때문이다.
　사람은 누구나 '할 수 있다, 할 것이다'를 느끼면서 살아야 한다. 그것은
살아 있는 느낌을 주어 힘든 일상을 견딜 수 있도록 해준다. 살아 있음을 전

혀 느끼지 못하면 인생과 단절되어 버리고 행복이 파괴된다. 그러나 살아 있음은 항상 느낄 수 있는 것이 아니다. 행운의 조건 1, 2와 마찬가지로 인생에는 하기 싫어도 해야만 하는 일들이 있다. 모든 것에서 완벽만을 추구하면 자신의 인생과 단절될 수 있다.

❀ Summary!

- 지식과 기술이 합쳐질 때 나타나는 동기는 인생에서 매우 강력한 힘이 되어주므로 하나의 목표로 삼아야 한다.
- 지식과 기술의 부재는 능력과는 관련이 없으며 당신이 지식 부족의 원인이라고 생각하는 것과 관련이 있다. 당신의 역량은 무한하다.
- 지식의 격차에 솔직해져야 한다. 당신의 영향력을 최대한 높여줄 수 있는 중요한 지식을 더하기 위해 최선을 다한다.
- 당장은 필요한 지식과 기술이 없더라도 동기가 있으면 큰 도움이 된다.
- 연관성을 느끼는 일일수록 자연스럽게 동기가 부여된다.

제 3 장

배움

'실패가 없으면 성공도 없다.'

이 장에서 살펴볼 행운의 조건

행운의 조건 4 실패는 좋은 것이다

행운의 조건 5 자신의 능력 알기

행운의 조건 6 열린 마음으로 피드백 받아들이기

행운의 조건 7 배움의 모델 구축하기

행운의 조건 8 두려움을 성취감으로 바꾸기

배움을 강조하는 문구는 어디에서나 쉽게 찾아볼 수 있다. 당신의 직장에도 '학습 자료 센터'를 마련해놓고 '배움 문화'를 강조할 것이다. 정부 기관도 '평생 교육'에 대해 이야기를 한다. 이처럼 '배움의 경험'과 '발전의 기회'는 얼마든지 있다.

하지만 배움은 기업이나 정부의 유행어로만 꽁꽁 둘러싸여 있기에는 너무나도 중요한 일이다. 또한 공식적인 환경에서 배움의 기회가 제공되기만을 기다리고 있으면 안 된다. 배움은 언제 어디서나 매일 일어날 수 있는 일상적인 일이다.

얼마나 배우는가는 삶에 대한 태도에 달려 있다. 자신이 모든 것을 알지 못한다는 사실을 겸손하게 받아들이는 것은 행운의 조건 5 참고 배움에 있어 좋은 출발점이 된다. 그다음은 단점과 실패를 분석하고 자신감을 얻는 것이다. 그리고 놀라운 내용이거나 지식이나 영감 면에서 배울 것이 있는 사람들이 주는 피드백을 받아들이는 것이다 행운의 조건 6 참고.

하지만 진정한 출발점은 당신이 스스로 머릿속으로 펼쳐내는 인생 경험에 달려 있다. 머리말에서 언급한 것처럼 그것은 당신이 자신과 나누는 자신에 관한 대화다. 이 장에서는 그 대화가 펼쳐지는 방식의 보기를 소개한다. 더불어 올바른 자기대화를 통해서 불안감을 일으키는 사건을 기대에 찬 사건으로 바꾸는 방법도 알아본다행운의 조건 8 참고. 즉 이 장은 생각과 자기대화를 조절하는 방법에 초점을 맞춘다. 사소한 변화만으로도 배움에 대한 통제력이 커질 수 있다. 그런 의미에서 이번 장은 이 책에서 가장 중요한 부분이라고 말할 수 있겠다.

실패는
좋은 것이다

"상대적 실패라는 것에 대해 배웠습니다. 1994년에만 해도 월드 챔피언 3위라는 성적이 '끔찍하다'고 생각됐어요. 하지만 지금 돌이켜보면 항상 이길 수 없다는 사실을 깨닫는 데 도움이 되었던 것 같아요. 살다보면 질 때도 있죠. 세월이 흘러 시드니 올림픽에서 4위를 했는데 절망스러운 실패가 아니라 값진 인생 경험이라고 느꼈어요. 저 자신이 훌륭한 조정 선수라는 사실을 증명해야 한다는 필요성을 가졌지요. 하지만 조정 경기 외에 잘하는 게 있다는 사실도 증명해야만 했어요. 그래서 요트 팀에 들어가 아메리카 컵 요트 대회에 참가했죠."

_그레그

제프 콜빈Geoff Colvin은 저서『월드 클래스 퍼포머들은 어떻게 다른가Talent is Overrated』에서 피겨 스케이팅 선수 아라카와 시즈카 선수가 어떤 기술 하나를 성공하기 위해서 엉덩방아를 2만 번이나 찧은 이야기가 나온다. 여기에서 중요한 것은 시즈카 선수가 실패에 긍정적으로 반응했으며 끝없는 연습에 따르는 고통과 지루함을 받아들였다는 사실이다다음 장에서 연습의 가치를 자세히 알 수 있다.

그녀의 끈기가 그저 놀라워 보이겠지만 당신에게도 비슷한 경험이 있다. 어린 시절 걸음마나 자전거 타는 법을 배웠을 때를 떠올려보라. 당신에게는 정말로 중요한 일을 이루고자 끈기 있게 노력했던 때가 있을 것이다. 걸음마나 자전거 타기뿐만 아니라 운전, 독서 등도 뜨거운 열정이 성공을 가져다준 경험이다. 그때 당신이 성공할 수 있었던 원인은 크게 두 가지다.

첫째, 성공에 대한 욕망이 자신의 능력에 대한 부정적인 생각보다 강했다.
둘째, 약점과 실패의 원인을 분석해 실패를 성공으로 바꿔주는 요소를 찾았다.

타고난 능력이 성공이나 실패를 좌우한다는 생각은 성공에 가장 큰 장애물이다. 만약 당신이 정말로 그렇게 생각한다면 맞는 생각이다. 그야말로 완벽한 자기실현적 예언이니까. 노력이 아니라 유전과 재능만 중요시한다면 실제로도 그렇게 된다.

무슨 일이든 잘하려고 하면 실망과 실패를 겪게 된다. 때로는 성공을 먼저 한 다음에 실패를 맛보기도 한다. 물론 그 반대일 수도 있다. 성공할 수도 있고 실패할 수도 있다는 사실을 자신에게 어떻게 설명하는지에 따라 당신의 반응이 결정된다. 그 '설명', 즉 자신에 관해 자신과 나누는 대화가 바로 당신의 '설명 스타일'이다.

실패를 설명하기

누구나 살면서 많은 성공을 맛본다비록 성공처럼 느껴지지 않는 일이라도. '운이 좋았던 것뿐이야'나 '누구든 다 할 수 있는 일이야'라고 생각한다면, '난 정말 열심히 했어'나 '내 노력이 보상을 받은 거야' 같은 진짜 성공의 원인을 부정하게 되는 것이나 다름없다.

예를 들어 프레젠테이션을 맡게 되어 불안해하고 있다고 가정해보자. 그러나 동료나 코치의 도움으로 무사히 끝마칠 수 있었다. 그런 다음 그 성공의 원인을 짚어보자. 부정적인 반응이라면 '남의 도움을 받았기 때문에 성공한 것일 뿐이야'라고 생각할 것이다. '당신' 자신이나 스스로 쏟아부은 노력은 전혀 염두에 두지 않는다. 반면 긍정적인 반응은 '내가 동료나 코치에게 도움을 요청했고 그 조언을 귀담아들은 덕분에 성공할 수 있었어'라는 생각을 할 것이다. 이 말에는 당신이 취한 두 가지 행동이 분명히 포함되어 있다. 그것은 지금은 물론 앞으로도 쭉 당신에게 도움이 될 것이다.

- 필요시 주변 사람들에게 도움을 구하는 것은 좋은 생각이다.
- 타인의 조언이나 제안을 귀담아듣는 것은 좋은 생각이다.

아마 당신은 이치에 맞는 말이라며 고개를 끄덕이고 있을 것이다. 사실이 그러하니까. 설명 스타일은 행운의 습관에 매우 중요하므로 잠시 이 책을 내려놓고 과거의 성공과 실패에 대해 돌아보는 시간을 가지기를 바란다. 성공했을 때와 실패했을 때를 떠올려보자.

- 실패의 원인은 무엇이라고 생각했는가?
- 성공의 원인은 무엇이라고 생각했는가?

앞에서처럼 프레젠테이션을 예로 삼아 프레젠테이션이 실패했을 경우 부정적인 설명 스타일을 가진 사람은 어떻게 생각할지 떠올려보자. 알다시피 프레젠테이션을 하다보면 여러 실수가 발생할 수 있다. 무슨 말을 하던 중이었는지 잊어버리거나, 프로젝터가 갑자기 멈춘다거나, 도저히 대답하기 '불가능한' 질문이 쏟아진다거나, 너무 긴장한 나머지 말이 제대로 나오지 않을 수 있다. 부정적이고 수동적인 설명 스타일을 가진 사람의 머릿속에서는 다음과 같은 대화가 이루어진다.

'난 역시 프레젠테이션을 못해. 아니, 구제불능이야. '말재주'는 역시 타고나는 거야. 난 말재주를 타고나지 못했어. 난 쉽게 긴장하는 경향이 있어. 물론 그게 중요한 건 아니야. 저 사람이 저런 질문을 할 줄은 정말 몰랐어. 도대체 뭐라고 대답해야 할지 모르겠어. 게다가 프로젝터까지 갑자기 멈춰버리고, 당장 쥐구멍에라도 숨고 싶어. 다시는 이런 상황에 놓이고 싶지 않아.'

다음번에 상황을 개선하겠다는 계획 따위는 없다. 그 대신 운명론적으로 생각하고'난 구제불능이야. '말재주'는 역시 타고나는 거야. 난 말재주를 타고나지 못했어', 자신의 니즈를 중요시하지 않으며'난 쉽게 긴장하는 경향이 있어. 물론 그게 중요한 건 아니야', 다시 시도해보려는 의지도 없다'다시는 이런 상황에 놓이고 싶지 않아'.

그렇다면 긍정적인 설명 스타일을 가진 사람이 위의 부정적인 경험에 어떻게 반응하는지 살펴보자.

- **무슨 말을 하던 중이었는지 잊어버린다.**

'나만 그런 게 아니야. 이건 흔히 일어나는 일이야. 중요한 건 당황하지 않고 계획을 세우는 거야. 사람들에게 "죄송합니다. 약간 헷갈리네요. 잠시 동안 메모를 확인하겠습니다"라고 말해도 괜찮아. 원래 침묵은 듣는 사람보다 말하는 사람의 입장에서 더 길게 느껴지는 법이니까. 침묵의 순간에 난 무슨 말을 해야 할지 잊어버렸다고 생각하지만 듣는 사람들에게는 그저 잠깐 숨을 고르고 있는 것처럼 보일 거야.

그런데 할 말을 잊어버렸다는 건 충분히 준비하지 않았다는 뜻이야. 다음에는 좀 더 많이 연습해서 내용을 분명히 기억해야겠어. 좀 더 시간을 투자할 필요가 있어.'

- **프로젝터가 갑자기 멈춘다.**

'가끔 일어날 수 있는 일이고 내 책임이 아니야. 하지만 또 이런 사고가 발생할 수도 있으니 그 가능성을 줄일 방법을 찾아야겠어. 우선 미리 기기를 점검하고 보조 수단을 준비하는 거야. 또 고쳐줄 전문가가 있는지 알아보고, 무엇보다 당황하지 않는 게 가장 중요해.

만약 이런 일이 생겼을 때는 어떻게 하지? 잠시 휴식 시간을 갖는 거야. 사람들에게 질문을 던지고 몇 명씩 무리지어 답을 찾도록 하는 동안 문제를 해결하는 거야.

- **어려운 질문을 받는다.**

  '너무 어려운 질문이어서 제대로 답하지 못했어. 답을 몰라서 약간 당황한 것 같아. 다음번에는 더 열심히 준비해야겠어. 다른 방편이 있을까?

  우선 사람들에게 질문을 던지는 거야. "혹시 이런 경험 있으신 분들 있나요?" 아무도 대답하지 않으면 정말로 어려운 질문이라는 뜻일 거야. 그러면 모르겠다고 솔직히 인정하는 거야. "아주 좋은 질문입니다. 나중에 그 대답을 곰곰이 생각해봐야겠어요. 그리고 나서 다시 답해드리겠습니다", "정말 중요한 질문이니 잠시 따로 생각해볼 시간을 갖도록 하겠습니다." 질문한 사람이 자신이 던진 질문에 대해 기분이 좋아지도록 기를 살려주는 것도 좋은 방법이야. 또 사람들끼리 몇 명이서 답을 상의하게 하는 거야.'

- **지나치게 긴장된다.**

  '긴장해도 괜찮아. 많은 사람이 프레젠테이션 때는 긴장을 하니까. 긴장하지 않으려면 미리 어떻게 준비해야 할까? 미리 연습을 해서 자신감을 얻거나 심호흡으로 진정할까? 처음부터 크고 분명한 목소리로 말한다면 긴장했다고 놀림 받을 일도 없고 계속 크게 말할 수 있을 거야. 서두르지 않고 천천히 가면 통제력을 잃지 않게 돼. 잠시 멈추기도 하는 거야. 그 잠깐의 멈춤이 말하는 사람에게는 평생처럼 느껴지지만 듣는 사람들에게는 짧은 순간이라는 사실을 기억하자.'

실패에 대한 반응

실패가 어쩔 수 없는 것임을 알고 긍정적인 시각으로 바라봐야 한다. 아래의 방법이 도움이 된다.

누군가 뛰어나다고 해서 내가 못났다는 뜻은 아니다

2011년 월드 챔피언십에서 은메달을 딴 후 그레그는 팀원들과 만났다. 그레그의 첫 마디는 "우리는 이미 다음을 위해 어떤 변화가 필요한지 알아냈다"였다. 그는 우승을 차지한 독일 팀을 칭찬하는 말도 빠뜨리지 않았다. 그레그의 팀 실력이 부족한 것이 아니라 우승 팀이 매우 뛰어난 것이었다. 그래도 괜찮다. 타인의 뛰어난 능력을 자극제 삼아 자신의 능력을 개선해야 한다. 타인이 뛰어나다고 해서 당신이 못났다는 뜻은 아니다.

나는 열심히 했다

실패에 대한 두 번째 반응을 미셸의 경우에서 찾아보자. 미셸은 자신의 사업체를 정리해야만 했다.

"중고 컴퓨터를 저렴한 가격에 판매하는 '리사이클 IT!'이라는 사업체를 운영했어요. 사회적 약자나 장애우들을 직원으로 고용했죠. 10년 동안은 사업이 정말 잘 됐어요. 저도 그 일이 정말 좋았어요. 그런데 3주 사이에 두 가지 사건이 터졌어요. 첫 번째는 엄청나게 큰돈을 사기당한 일이었죠. 그리고 며칠 후에는 사무실을 비워줘야만 했고요. 건물 주인이 갑자기 사업을 확장하게 되어서 우린 하루아침에 문을 닫아야만 했죠. 직원들을 실망시킨다는 사실에 견딜 수가 없었어요. 엉엉 울면서 문을 닫아야 한다는 소식을 전했죠. 하지만 지금 돌이켜보면 생각이 달라요. 10년 동안이나 힘든 사업을 잘 꾸려왔다는 뜻이잖아요. 우린 컴퓨터 재활용 산업의 선구자였어요. 지금도 그런 일을 하는 사람들이 있지만 우리가 제일 먼저 시작했죠. 그리고 직장을 구하기 어려운 사람들에게 일자리도 제공했고요. 그렇게 관점을 바꾸니 훨씬 견디기가 수월해졌어요. 다시 생각해보면 저는 제가 한 일이 자랑스러워요."

이것은 긍정적인 생각의 위력을 보여주는 멋진 사례다. 미셸은 힘든 상황에서도 긍정적인 면을 찾으려고 노력했다. 새로운 관점 덕분에 자신의 일에 대한 믿음과 자신감도 가질 수 있었다.

애덤의 경우는 좀 더 일반적인 상황에서 비슷한 사고방식에 관해 이야기를 한다.

"사실 완전한 실패라는 것은 없어요. 뻔한 말처럼 들릴지 모르지만 모든 일에는 좋은 점이 하나라도 들어 있기 마련이에요. 전 언제나 좋은 점을 찾으려고 노력해요. 어떤 분야든 마찬가지지만 제가 몸담은 분야에서는 프로젝트의 성공을 100% 장담하기가 어려워요. 그저 최선을 다하고 결과를 기다려야 하죠. 한 번도 실수해보지 않은 사람은 한계를 밀어붙인 적이 없다는 뜻이에요. 실패에서 교훈을 배우는 것은 정말 중요해요. '세상에 어리석은 실수는 아무런 가르침도 얻지 못한 것이다'라는 말도 있잖아요.

생각할수록 속 쓰리는 과거가 있지만 거기에 연연하면 안 돼요. 물론 쉽지 않겠지만 과거에 얽매여봤자 좋을 게 없어요. 특히 실험이 업무의 일부분이라면 실망할 수밖에 없다는 사실을 받아들여야만 해요."

❀ *Summary!*

- 실패는 자신감을 무너뜨리는 요인이 아니라 자연스럽고도 긍정적인 인생의 일부분이다.

- 성공이나 실패에 대한 반응은 스스로 그것을 어떻게 설명하느냐에 따라 달려 있다.

- 세상에는 당신이 제어할 수 없는 일들도 있다. 제어할 수 있는 일들을 찾아라.

- 성공했을 때는 자신이 그 성공을 위해 개인적으로 한 일을 떠올려본다.

- 실패했을 때는 다음번의 성공을 위해 자신이 개인적으로 할 수 있는 일을 떠올려본다.

자신의
능력 알기

이 연습 과제는 교육학자이자 창조성 관련 저자인 마크 브라운 Mark Brown이 고안한 방식을 약간 변형시킨 것이다. 다음의 간단한 방법을 따라 해보자.

당신의 능력

- **당신이 할 수 있는 일을 최소한 다섯 가지 적는다.**

  인생의 어떤 분야든지 상관없다. '일' 분야에서라면 프로젝트 팀 관리, 다이내믹한 프레젠테이션 하기, 엑셀 스프레드시트 꼼꼼하게 만들기 등이 있을 수 있다. '취미' 분야라면 피아노 연주, 1.6킬로미터 5분 완주, 성냥갑 모형 만들기, 수영 200미터 완주하기 등이 포함될 수 있다. '가정생활' 분야라면 정원 가꾸기, 초콜릿 만들기, 집 설계도 직접 그리기 등이다. 제한을 두지 말고 분야를 자유롭게 선택해서 목록을 작성한다.

  잠시 동안 생각하면서 목록을 작성한다. 다 작성하기 전까지는 2번으로 넘어가지 않는다. 목록을 다 만들고 나서 다음으로 넘어간다.

  - _____
  - _____
  - _____
  - _____
  - _____

- **증명된 것, 즉 '해본 적이 있는proven' 일 옆에는 'P'라고 쓴다.**

  이것을 꼭 한 다음에 다음 순서로 넘어가야 한다.

- **증명되지 않은 것, 즉 '해본 적이 없는unproven' 일 옆에는 'U'라고 표시한다.**

대부분의 독자들 중 80%는 작성한 목록이 증명된 능력으로만 이루어졌을 것이다. 당신도 그렇다면 논리적으로 이 질문의 뜻이 너무도 명백하다고 생각할 것이다. 나는 당신이 할 수 있는 일을 물었고 당신은 자신이 성취한 것이나 취미, 또는 직장이나 가정에서의 일과에 대한 목록을 선택했으니 말이다.

약 10%는 목록에 P와 U가 섞여 있을 것이다. U 항목은 시작한 지 얼마 되지 않은 일일 수도 있다. 이를테면 최근에 시작한 취미 활동이라 앞으로 어떻게 될지 잘 모르는 일이라든지, 어릴 때 잘했었던 것을 나중에 다시 시작할 의향이 조금은 있다든지. 다시 말해서 미래의 발전을 위한 길이 과거나 현재를 참고로 정해지는 것이다.

하지만 나는 당신이 이전에 수행한 일이라든가 입증된 능력에 대해 질문하지 않았다. 당신은 이 연습 과제를 그런 의미로 받아들였지만 말이다. 여기서 중요한 것은 당신이 '능력'이라는 단어를 어떻게 보느냐다. '능력'이라는 말을 개인의 역사 수업 정도로 받아들인다면 미래의 자신에 대한 심리적인 장벽이 만들어진다.

사람들은 나이가 들면서 능력을 자신이 할 수 있는 일이 아니라 한 일이라고 여긴다. 물론 그것은 '성공'한 일들이기도 하므로 자신감을 높여준다. 그러나 그런 사고방식은 개선의 가능성과 새로운 기회를 포착할 가능성을 제한한다.

따라서 당신이 80%에 속한다면 이 연습 과제에 다시 도전하길 바란다. 이번에는 과거와 현재, 미래를 두루 고려한다. 당신이 했던 일과 하고 있는 일들 그리고 할 수 있는 일을 떠올린다. 분명 할 수 있는 일이 새롭게 떠올라서 설레는 기분을 느낄 것이다.

10대 청소년들에게 할 수 있는 일에 대해 물어보면 꿈과 희망으로 가득한 목록이 나온다. 그보다 어린 아이들에게 똑같은 질문을 했을 때는 모르는 질문이라는 듯 정반대의 반응이 나왔다. 20대에 접어들어 현실에 맞닥뜨리게 되면서 꿈과 희망은 줄어들거나 완전히 사라져버린다. 그럴 만한 현상이다. 하고 싶은 일이 잔뜩 있어도 좋지만 한두 가지에 초점을 맞춰야 성취 가능성이 높아진다.

능력 목록으로 되돌아가서 꿈과 희망을 잃지 말고 '내가 발전시킬 수 있는 능력은 무엇인가?'라는 질문을 해봐야 한다. 현재 하고 있으며 더 잘하고 싶은 일이나, 하고는 싶은데 아직 시작하지 못한 일들을 바탕으로 생각해볼 수 있다. 어린 시절부터 끌렸지만 오랫동안 묻어둔 관심사를 떠올려보는 것도 좋다. "당신이 한계라고 생각하는 것만이 당신 능력의 한계다"라는 말은 진실이다.

❀ Summary!

- 능력은 당신이 한 일뿐만 아니라 할 수 있는 일도 포함한다.
- 열린 마음으로 새로운 일을 시도한다.
- 새롭게 시도하는 일에 대해 잘할 수 있다는 열린 자세를 가진다.
- 오랫동안 잊고 지낸 관심사를 새롭게 깨운다.
- 당신의 능력이 무한하다는 사실을 기억한다.

열린 마음으로
피드백 받아들이기

피드백, 특히 비판을 받아들이는 자세는 행운의 습관을 기르는 데 매우 중요하다. 비판에 대한 반응은 어린 시절의 기억과 연관이 있다. 그때 부모나 그 외 양육자, 친척들로부터 피드백을 받는다. 그리고 학교를 다니면서 매우 많은 피드백을 받게 된다. 또한 일반적인 직장 환경이라면 입사 첫날부터 퇴직하는 날까지 피드백이 계속 된다. 공식적으로는 업무 평가를 통해서, 비공식적으로는 동료와 관리자들과의 상호작용을 통해서 이루어진다. 스포츠나 여러 취미 활동, 여가생활을 통해서도 많은 피드백이 주어진다.

어린 시절의 피드백은 여러 가지 영향을 끼친다. 질풍노도의 시기인 청소년기에 타인의 피드백은 자신감을 떨어뜨리고 어른이 되어서까지 부정적인 영향을 끼칠 수도 있다.

비판이 '나는 못났어'라는 뜻이라고 생각한다면 감정적으로 반응할 가능성이 높다. 특히 남에게 알리고 싶지 않은 일이거나 스스로 전혀 몰랐던 일인 경우에는 더욱 그렇다.

가진 능력에 비해 자신감이 매우 낮은 사람들이 있는데, 그렇게 된 이유는 앞서 말한 것으로 추측해볼 수 있다. 당신도 거기에 속할 수도 있다. 이처럼 타인의 피드백이 끼치는 영향은 평생 이어질 수도 있다.

그러나 비판은 당신이 못난 사람이라는 의미가 아니라 '난 잘할 수 있어'라는 가능성을 뜻한다. 최고의 능력자들은 피드백을 이용하여 자신의 능력을 개선하고 앞으로 나아가기 위한 발판으로 삼는다.

이 책을 위해 인터뷰를 나눈 이들의 공통점은 타인의 비판 때문에 예기치 못하게 뒤로 쳐져서 결국 하던 일을 포기한 경험이 있다는 것이었다. 나중에 소개할 모 나잠의 경우도 그러하다. 바로 다음에 소개할 조너선의 사례를 보고 당신이라면 어떻게 반응했을지 생각해보자.

"제 인생에서 정말로 중요한 순간은 글로벌 로펌의 HR 책임자를 맡은 지 6개월이 되었을 때였어요. 그때 처음 피드백을 들었죠. 전임자는 무척 유능한 사람이라 변호사들과도 무척 좋은 관계를 유지했죠. 저는 출발이 좋았다고 생각했는데 돌아온 반응은 '노력은 하고 있다'였어요. 그게 전부였죠. 저한테는 암울한 시기였죠. '제대로 하고 있지 않은 데도 잘하고 있다고 생각하고 있어'라는 생각이 들더군요.

어떤 직업이든 '나에게 주어진 역할이 무엇이며 나는 무엇을 해야만 하는가?'라는 질문을 떠올려야 해요. 사람들의 평가에 흔들리기는 했지만 내가 할 수 있는 최선은 변호사들의 조언을 구하는 거라고 생각했어요. 그랬더니 이런 대답이 돌아왔어요. '그런 의미로 한 말이 아니었어요. 안이해지지 말고 항상 긴장을 늦추지 말라는 뜻에서 한 말이었는데……'

그 후로 피드백을 줄 때마다 그 일을 떠올려요. 아니, 애초에 피드백을 주지 않으려고 하기도 하죠! 하지만 타인의 피드백에 담긴 진짜 의도와 의미를 적극적으로 알아봐야 한다는 가르침을 얻었어요. 덕분에 '암울한' 시기가 그리 오래 가지 않을 수 있었죠."

_조너선

능력을 개선하는 데 가장 중요한 것은 피드백을 기꺼이 받아들이는 자세다. 물론 쉽지 않은 일이다. 우리는 언제나 피드백을 받지만 개인적이거나'넌 결단력이 없어', 타이밍이 나쁘거나이를테면 위기 상황에서, 모호하거나'넌 프레젠테이션을 잘 못하나봐?', 일방적일 때가 많다. 다시 말하면 당신이 대화에 인풋을 제공할 기회가 별로 없는 것이다. 때로는 업무 평가회에서 피드백을 받기도 한다. 그럴 때는 상대방이 당신의 성격을 헐뜯는 것처럼 다가올 때가 많다.

그러나 피드백에 관한 대화를 능력 개선의 도구로 활용할 수 있는 방법도 많다. 피드백이 언제 어떻게 주어질지는 선택할 수 없다. 하지만 어떻게 반응할지는 선택할 수 있다. 우선 피드백을 받아들이는 사고방식을 바꾸는 것부터 시작하라.

다음은 피드백을 긍정적으로 받아들이지 못하도록 가로막는 사고방식들이다.

- **나쁜 피드백은 전부 내 잘못이다.** 피드백을 들은 후 자신감을 상실하거나 자신에 대해 좋지 않은 기분이 드는 등 과거에 좋지 않은 경험이 있었다면 피드백이 주어진 방식이 잘못되었기 때문이다. 제대로 피드백을 주는 사람은 어려울 수 있는 대화를 상대방에게 긍정적인 경험으로 바꿔서 전달해준다.
- **피드백은 언제나 사실이다.** 그렇지 않다. 개인이나 또는 집단의 견해에 불과한 경우가 대부분이다. 물론 그 견해가 사실일 수도 있지만 그것에 동의할지는 당신에게 달려 있다.
- **피드백은 비판이다.** 그럴 수도 있지만 칭찬일 수도 있다. 아무려면 어떤가? 자기방어적인 자세를 취하지 말고 피드백을 기꺼이 받아들여야 한다. 피드백은 자신감을 떨어뜨리는 수단이 아니라 실력 개선의 기회가 될 수 있다.
- **피드백은 영원한 무능함을 뜻한다.** 아니다. 피드백이 주어진 시점에 당신이 그 일을 할 줄 모른다는 뜻이거나 할 줄 아는데 지식을 제대로 활용하지 못했다는 뜻일 뿐이다. 피드백은 문제의 해답을 찾는 수단이 되어줄 수 있다.

피드백이 좋지 않거나 올바르지 않은 방식으로 주어지더라도(대개는 그런 경우가 많다) 또는 본능적으로 찬성할 수 없는 말이라도 긍정적으로 받아들이는 것이 매우 중요하다. 자동으로 나오는 본능적인 반응과 좀 더 고려해본 이후에 나오는 반응은 다르다. 당신에 관한 대화를 소극적으로 듣고 있지만 말고 적극적으로 대화에 참여해야 한다.

피드백은 기회다

피드백은 기회다. 따라서 이제부터는 피드백을 기회로 활용할 수 있어야 한다. 다음은 상황과 반응을 모두 통제하면서 피드백을 받아들이는 방법이다.

- **구체적인 예를 물어라.** 피드백의 내용이 막연한 경우가 많다. '넌 가끔 회의에서 사람들을 지배하려고 할 때가 있어'라는 말에 구체적인 예시가 주어지지 않으면 이 피드백은 당신에게 아무런 도움이 되지 않는다. 그러므로 막연한 피드백은 구체적인 경험과 연관 지을 수 없어 아무런 소용도 없다. 그러므로 상대방에게 구체적인 예시를 들어달라고 부탁하라. '내가 언제 그랬는지 말해줄 수 있어?'나 '내가 어떤 식으로 그랬어?'라고 물어볼 수 있다.

- **결과에 대해 생각하라.** 훌륭한 코치나 매니저는 'X를 하면 Y가 발생한다'라고 정확하게 짚어준다. 그러나 상대방에게 피드백의 이유를 묻거나 스스로 결과에 대해 생각해야 할 때도 있다.

- **피드백을 주는 사람에게 감사하라.** 언쟁이 이루어진다면 상대방이 다시는 당신에게 피드백을 주려고 하지 않을 것이다. "고마워. 난 그런 생각을 해본 적이 없는데, 다음에 어떻게 해야 할지 생각해볼게." 이 말로 당신이 피드백을 긍정적으로 받아들였으며 되새겨볼 필요가 있음을 인정한다는 것을 상대방에게 알릴 수 있다.

- **어떤 행동을 취할지 신중하게 결정한다.** 업무 관련 상황이라면 즉각 조치를 취해야 한다는 압박감을 느끼기 쉽다. 그러지 마라. 피드백의 내용을 충분히 생각해볼 시간을 가져야 한다. 다음에서 소개할 모 나잠의 경우에서 보듯 지나치게 감정이 섞이면 올바른 판단을 내릴 수 없다. 모는 다행히도

부정적인 반응을 억누를 수 있었다. 그다음에 어떤 행동을 취할지 신중하게 생각해야 한다. 물론 당신은 상대방의 말에 찬성하지 않을 권리가 있으며 조치를 취하지 않을 권리도 있다. 무엇이든 신중하게 결정해야 함을 잊지 마라. 이런 질문을 꼭 떠올려보자. '내가 이것을 의식하고 있었는가?', '예전에 누군가 비슷한 말을 한 적이 있었던가?', '맞는 말인가?'

"필 힐본Phil Hillborne이라는 훌륭한 기타 연주자와 친해졌어요. 그와 전화 통화로 다른 연주자들이나 그들의 연주에 대해 시간 가는 줄 모르고 이야기를 나눴어요. 서로의 연주를 녹음한 것을 교환해서 의견을 나누기도 했죠. 그는 무역 박람회에서 기타를 전시하곤 했는데 언젠가 제가 전시된 기타 중 하나를 연주하고 있는데 그가 말했어요. "네 기타 연주는 정말 훌륭해, 하지만 비브라토vibrato, 악기의 소리를 떨리게 하는 기법-옮긴이가 좀……" 사실 그의 말이 맞았어요. 비브라토는 기타 연주의 특징이에요. 비브라토가 뛰어날수록 개성 있는 연주가 되죠. 당시 저는 불같이 화를 낼 수도 있었지만, 전 1년 동안 비브라토를 개선하려고 열심히 노력했어요. 연습도 하고 피터 그린Peter Green 같은 훌륭한 연주자들의 연주 영상도 참고하고 가수들이 비브라토를 어떻게 활용하는지도 들었죠. 비브라토를 좌우하는 손목과 손가락의 미묘한 움직임을 매일 연습했어요. 그로부터 몇 년 후 상점에서 기타를 연주해보고 있는데 나이 지긋한 신사가 옆에 앉아 있었어요. 직원한테 기타를 돌려주고 나가려는데 노신사가 제 어깨를 두드리며 말하더군요. '자네 비브라토가 아주 훌륭하구먼.' 제 노력이 결실을 맺은 거죠."

_모

칭찬 받아들이기

내 경험상 비판을 쉽게 받아들이지 못하는 사람은 칭찬도 그러하다. 어떤 사람들은 칭찬을 들으면 부끄러워 한다. 칭찬도 피드백이지만 여기에는 지금까지 말한 비판의 법칙이 쉽게 적용되지 않을 수도 있다. 이를테면 칭찬을 들었을 때 구체적인 이유를 물어보면 자신에 대한 좋은 말을 들으려고 하는 것처럼 보인다"나 정말 대단하지? 자, 이제 그 이유를 말해봐". 많은 매니저가 그저 의무감에서 일회성 칭찬을 툭툭 던진다. 하지만 칭찬이 진심으로 느껴진다면 당신이 잘한 일이 무엇인지 돌아보는 것도 필요하다. 열심히 노력했거나, 연습했거나, 즐겁게 일했다거나, 뭔가 새로운 일을 했는가? 이것은 모두 당신이 어떤 일을 잘한 이유가 될 수 있다. 이렇게 칭찬을 분석함으로써 자신에 대해 돌아보고 자신이 어떤 일을 즐겁게 하는지 알 수 있다. 즐거움을 느낄수록 수행도도 올라간다.

다음은 조너선이 초기에 업무가 힘들어서 직장을 그만두려고 할 때 받았던 칭찬의 피드백이다.

"18개월 동안 법인업무를 담당하는 임원의 개인 비서로 일했어요. 그임원은 카리스마 넘치는 매력으로 인기가 많았지만 업무 스타일이 체계적이지 못하고 비효율적이어서 제가 스트레스를 엄청 많이 받았어요. 그가 얼마나 산만한 사람인지 말한다면 누구나 저를 가엾게 여기고 안아줄 거라는 생각까지 들더군요. 너무 힘들었어요. 그런데 그만두기 전에 동료들에게 제가 그동안 일을 무척 잘했다는 이야기를 들었어요. 그 피드백 덕분에 몇 가지 중요한 교훈을 얻었죠. 저는 주도권을 잡으려는 허풍스러운 자아를 처음 경험했어요. 일명 '거물'이라고 부르죠. 그 경험 덕분에 그 자아를 알고 대처하는 데도 익숙해졌습니다. 또한 사람들이 어느 정도 환경을 고려해서 이해해준다는 사실도 알게 되었고요. 카리스마로 어떤 자리에 올라갈 수는 있지만 그 자리를 유지하려면 효율성이 필요하다는 사실도 깨달았어요. 당연히 그 임원은 그 자리를 계속 지키지 못했죠. 지금도 일이 힘들 때마다 그 일을 떠올려요. 제가 통제권을 쥐고 있기 때문에 아무리 압박감이 심해도 괜찮다는 생각이 들어요."

_조너선

이 이야기에서도 피드백의 내용을 구체적으로 알아야 할 중요성이 또 한번 등장한다. 칭찬의 피드백이라면 분명히 좋은 내용이어야만 하고 기분이 좋아야 한다. 그렇기 때문에 당신이 무엇을 잘했는지 구체적으로 알려주는 피드백이 필요하고 값진 법이다.

솔직한 자기평가

타인으로부터 피드백을 받는다고 자기비판이 불가능해지는 것은 아니다. 앞에서 본 것처럼 타인의 피드백이 자기비판을 도와줄 수 있다. 하지만 잠자코 기다려서는 안 된다. 실력 개선에 도움이 되는 좋은 습관이 끈기를 통해 길러지듯, 현재의 능력에 도전하지 않으면 나쁜 습관이 만들어질 수도 있다. 운동선수라면 누구나 동감할 것이다. 자신을 과도하게 분석하라는 뜻이 아니다. 정기적으로 솔직하게 자신을 평가해보라는 뜻이다.

✽ *Summary!*

- 피드백에 관한 대화를 잠자코 듣기만 하지 말고 적극적으로 대화에 참여해야 한다.
- 아무리 잘못된 방식으로 주어진 피드백이라도 자신감을 잃지 말고 능력 개선의 도구로 활용하라.
- 피드백을 구체적인 경험과 연결시켜 어떻게 하면 지금과는 다르게, 더 잘할 수 있는지를 생각한다.
- 비판도 칭찬이 될 수 있다. 최고의 피드백은 당신이 잘한 일과 개선할 수 있는 점이 합쳐졌을 때 나타난다.
- 피드백이 없으면 발전도 없다. 기대와 다른 내용이라도 피드백을 기꺼이 받아들인다.

행운의 조건 7

배움의
모델 구축하기

"최고 실력자들의 조언을 따르지 않는다면 바보천치겠죠?"

_모

당신은 20세가 될 때까지 공부나 운동 등 모든 분야에서 당신보다 뛰어난 사람들과 함께 생활했을 것이다. 특히 학창 시절에 팀을 구성할 때, 운동신경이 뛰어난 아이들은 전부 일찌감치 선택되고 당신은 맨 마지막에 선택되었을 때 그런 느낌을 받았으리라. 수학을 잘하는 학생을 보고 다시 한 번 자신의 평범한 수학 실력을 확인한 경험이 있을지도 모른다. 심한 경우 굴욕을 느꼈을 수도 있다.

학교에서는 수행의 장을 선택할 수가 없었을 것이고 나중에는 '자신만의 장소'를 찾기로 했을 것이다. 아마도 당신은 그 장소가 당신과 똑같은 수준의 능력을 가진 것으로 '인식'되는 사람들이 있는 곳이라고 여겼을 것이다 여기에서는 '인식'이라는 단어가 중요하다. 당신이 가진 능력을 최대한 발휘하려면 그러한 부정적인 사고방식은 '잊어버려야만' 한다. 사람들은 자신의 능력 수준에 대해 이렇게 생각하는 경우가 많다. '존이 수학을 잘하는 이유는 똑똑하기 때문이야. 나는 수학을 못하니까 똑똑하지 않아.'

다음은 여기에서 고려해봐야 할 두 가지 사항이다.

- 언제나 최고로 잘하는 '한 사람'이 있다. 하지만 그 사람은 그 순간에만 최고일 뿐이다.
- 이 사실이 왜 중요한가? 과도하게 경쟁적인 사람들을 제외하고는 최선을 다해야 한다는 사고방식이 훨씬 유용하다.

쓸모없는 사고방식에서 벗어나 최고들에게 소중한 교훈을 배워야 한다. 테니스를 잘 치고 싶은가? 당신보다 실력이 뛰어난 사람들과 테니스를 쳐라. 당신이 개선해야 할 부분을 상대방이 찾아줄 것이다. 당신보다 실력이 낮은 사람들에게서는 그 약점을 발견할 수 없다. 실력자들과 함께함으로써 연습 기회가 많이 생기고 약점을 개선시킬 수 있다. 마찬가지로 프레젠테이션을 잘하고 싶다면 평소 잘하는 사람이 어떻게 하는지 메모하고 연습하라.

타인의 성공과 성과를 보면 자신의 능력이 부족하다는 사실이 두드러져 보일 수도 있다. 하지만 반대로 그들의 성과를 자신의 능력 개선 도구로 활용할 수도 있다는 점을 명심하라.

'모델링'은 두 가지 형태가 될 수 있는데, 바로 머리와 가슴이다. 또한 이 책에서 계속 강조하는 것처럼 머리와 가슴을 합친 것도 될 수 있다. 가슴에 호소하려면 타인으로부터 영감을 얻으면 된다. 타인이 해낸 일에서 가능성을 찾는 것이다. 머리에 호소하려면 개선에 필요한 실용적인 도구를 알아야 한다. 영감과 실제의 조합은 능력을 개선시켜주는 강력한 힘이 된다.

영감─무엇이 가능한가?

"열두 살 때 마틴 크로스Martin Cross가 우리 학교에 왔어요. 1984년 올림픽 조정 경기에서 금메달을 딴 직후였죠. 아주 강렬한 인상을 받았어요. 가능성을 현실로 만든 사례를 눈앞에서 보는 듯했어요. '평범한 사람이 특별한 일을 해냈구나' 하는 생각이 들었거든요. 그는 자기가 가진 걸 최대한 이용했어요. 저한테는 영웅 같은 면모가 중요하지 않지만 역할모델은 아주 중요하죠.

_그레그

선구자들은 가능성의 기술을 보여준다. 그들은 이전에 이루어지지 않았던 새로운 일을 해냄으로써 영감을 주는 사람들이다. 또 다른 유형으로는 이미 예전에도 이뤄진 적 있는 일이지만 성격이나 유머, 또는 독특한 방식으로 당신에게 감동을 주는 사람들이 있다.

그레그에게는 영감을 주는 영웅적인 인물보다는 역할모델이 더 필요했다. 실제로 많은 사람이 학교에서 역할모델과 영감을 주는 인물을 만난다. 어떤 특정한 선생님이 가장 기억에 남는 이유는 그 선생님이 한 말 때문이 아니라 역사나 책, 과학, 스포츠, 음악 등에 흥미가 생기도록 해주었기 때문일 것이다.

이것은 나이나 학교만의 문제가 아니다. 내 친구 헬렌Helene은 67세의 나이에 노래를 배우기 시작해서 런던 필하모닉 합창단에 들어가 세계 곳곳으로 공연을 다닌다. 나는 이 이야기를 청중들에게 들려줄 때마다 가능성이 장내를 가득 채운다는 것을 느낀다. 당신의 인생에도 그렇게 영감을 주는 사람이 있을 것이다.

영감의 원천은 개인마다 다르므로 구체적으로 설명하기 어렵지만 다음의 세 가지 사항은 꼭 생각해봐야 한다.

- **헬렌은 '운'이 좋은 것이 아니었다.** 그레그 설이나 마틴 크로스도 마찬가지였다. 그들은 행운을 만들어내기 위해서 많은 노력을 기울였다. 운이 좋아 보이는 사람들을 조금만 자세히 들여다보면 그들이 취한 구체적인 행동

때문에 행운이 시작됐음을 알 수 있다. 즉 그들은 행운이 오기만을 기다리지 않고 적극적으로 움직인다. 스스로 행운을 만들어낼 수 있다고 생각한다면 타인의 성공에서 당신의 성공을 위한 영감을 얻을 수 있다.

- **주로 영감은 자신만의 가치를 실천하면서 사는 사람들에게서 나온다.** 예를 들면 넬슨 만델라나 아웅산 수치 같은 사람들이다. 행운의 조건 1에서 언급한 것처럼 가치는 당신이 앞으로 나아가는 방향을 선택할 때 강력한 나침반이 되어준다. 거의 범접할 수 없는 인물들은 가능성을 보여줌으로써 당신에게 영감을 준다.

- **영감을 주는 인물들을 신적인 존재로 포장하는 일은 없어야 한다.** "당신의 영웅을 직접 만나지 마라!'라는 말도 있지 않은가. 그들의 삶 전체에서 영감을 얻으려고 할 필요는 없다. 구체적으로 그들이 한 일에서 영감을 얻어라. 사람은 누구나 약점이 있다. 역할모델이나 영웅들도 예외는 아니다.

실용적인 도구

> 최고 실력자들을 보려고 일부러 공연을 많이 찾아다녔어요. 제 동년배들이 포기하는 모습을 많이 봤죠. 그들은 "난 절대로 저렇게까지 잘할 수 없을 거야. 포기해야겠어"라고 했지요. 하지만 저는 '난 저렇게 될 거야'라고 생각하고 열심히 연습했어요. 뛰어난 실력자들을 계속해서 모델로 삼았어요.
>
> _모

누군가를 모델로 삼는다는 것은 당신의 지식과 기술을 개선하려면 구체적인 어떤 행동이 필요한지 파악한다는 뜻이다. 코치나 멘토를 통하는 형식적인 방법도 있지만 자신이 직접 타인을 관찰하는 방법도 있다. 다음은 이에 관한 몇 가지 요령이다.

- **타인을 통해 배우려는 의지는 자신의 약점을 인정하는 데서 시작한다.**
  - '난 이걸 모르지만 알아야 할 필요가 있어.'
  - '난 모든 걸 알지도 못하고 알 수도 없어.'
  - '그 일은 잘 되지 않았어. 어떻게 해야 잘할 수 있는지 모른다는 걸 솔직하게 인정할 필요가 있어.'
- **성공을 계속 쌓을 필요가 있다.**
  - '그래, 나는 여기까지 혼자 잘해왔어. 이제부터는 다른 사람들이 어떻게 하는지 살펴봐야 할 때야.'
  - '아주 잘했어. 이제 다음 차례는 가르침을 얻는 거야.'
- **열린 마음으로 다른 사람들의 말에 귀를 기울인다.** 완벽한 조언을 찾아 그대로 따라 할 필요는 없다. 당신과 비슷한 경험을 한 사람에게 통찰을 얻어야 한다.
- **감정에 주의를 기울인다.** 역할모델의 구체적인 행동에만 관심을 기울이지 말고 그들이 문제를 맞닥뜨렸을 때 감정을 어떻게 표현하는지 살핀다.
  - '아주 힘들겠는걸.'
  - '이걸 바로 잡는 데 몇 시간이나 걸렸어.'
  - 처음에는 자연스럽게 느껴지지 않았어.'

  당신뿐만 아니라 모든 사람이 난관에 부딪힌다는 사실을 아는 것이 때로는 도움이 된다.

- **비전을 키워라.** 역할모델들은 튼튼한 나무를 건네줄 때도 있지만 씨앗을 뿌릴 때도 있다. 씨앗을 돌보면서 어떻게 튼튼한 나무로 키울지 비전을 가져라. 분명 변화가 생길 것이다.

- **연습은 배움을 강화시켜준다.** 관찰을 통해 배우든, 전문적인 지도를 통해 배우든 나중에 꼭 연습해보는 시간을 가진다. 전문 코치들은 배운 것을 스스로 연습하지 않으면 1주일 만에 80%를 잊어버린다고 말한다.

- **전문 코치에게 지도받을 때는 코치의 스타일을 알 필요가 있다.** 어떤 이들은 열띤 토론으로 아이디어를 주고받는 것을 좋아하지만 정반대의 유형도 있기 때문이다. 코치의 스타일에 적응해라.

- **전문 코치에게 지도받을 때는 적극적으로 참여하라.** 질문을 하고 당신의 느낌을 이야기하라.

  - '이건 좀 힘드네요.'
  - '다시 보여주실래요?'
  - '이해하려고 애쓰는 중입니다.'

- **영감과 배움을 주는 이들에게 겸손함을 보여라.** 뮤지션 닐 영Neil Young은 스코틀랜드 출신의 포크 뮤지션 버트 잰시Bert Jansch가 기타줄을 뜯으며 '기타 스타일링'을 하는 소리를 듣는 것만으로 많은 것을 배웠다. 40년이 지난 지금까지도 마찬가지다. 2011년, 버트 잰시는 세상을 떠났지만 상업성을 띠지 않는 그의 기타 연주는 인내심을 가지고 끝까지 들어볼 가치가 있다. 이것은 세계적으로 유명한 뮤지션이 여전히 자신의 기술을 개선하기 위해서 흥미로운 장소와 사람을 찾는다는 것을 보여주는 좋은 사례다. 기술을 개선하기 위해서는 노력을 계속해야만 한다. 어디서, 누구에게 가르침을 얻어야 하는지에 대해서도 제한이 없다. 누군가 무언가를 잘한다면 이

렇게 생각해보라. '저 사람이 하는 것 중에서 내가 하지 않거나 모르는 것은 무엇인가?' 그들이 누구인지는 중요하지 않다.

- **역할모델에게 위축될 필요는 없다.** '모델'과 맹목적인 추종에는 미묘한 차이가 있기 때문이다. 작가이자 시사 해설가인 J. B. 프리스틀리J. B. Priestley는 『길고 높은 벽 위에서Over The Long High Wall』라는 저서에서 "우리는 지혜로운 이들의 법칙이 아니라 야망이 큰 사람들의 법칙자기 자신을 동기로 삼는 사람들에 복종하는 경우가 많다"라고 했다. 정치가 가장 좋은 본보기겠지만 이는 직장생활에서도 마찬가지다. 당신이 어떤 환경에서 일하든 분명히 그런 야심찬 사람들을 만나보았을 것이다. 때로는 그들을 저지하기 위해 자리를 계속 이동해야 할 수도 있다. 하지만 그들의 장단에 맞추지는 마라.

'나는 이것을 모른다'

이번 행운의 조건에서는 지식과 기술의 부족한 면에 대해 자신과 타인에게 솔직해져도 괜찮다는 점을 강조했다. 하지만 많은 이들이 '나는 이것을 모른다'는 사실을 쉽게 인정하지 못한다. 어떤 이들은 그것이 약점을 드러내는 것이라고 생각한다. 하지만 내가 보기에 그것은 고귀한 지성이다. 나는 전혀 알지도 못하면서 허세만 부리는 사람보다 '어떻게 하는지 알려줄래?'라고 말하는 사람을 보면 기분이 좋다.

무지는 영구적인 상태다. 그러나 무언가를 모른다는 것은 지식의 일시적인 빈틈으로 원한다면 얼마든지 채울 수 있다. 좋은 보기가 바로 기술이다. 전자책이나 새로운 휴대전화, 앱, 소셜 네트워킹, 최신 태블릿 등이 나올 때마다 당신은 남들보다 뒤처지기 싫어서 한시라도 빨리 지식을 습득하려고 애쓴다. 하지만 아무리 뒤처지지 않으려고 해도 남들보다 훨씬 쉽고 빠르게 신기술을 다룰 줄 아는 사람이 나오기 마련이다. 그 사람들은 '내가 이걸 아는 게 중요해. 다른 사람들을 관찰할 필요가 있어. 다른 사람들한테 방법을 물어볼 필요도 있어. 이 지식을 얻을 수 있는 방법을 찾아야 해. 책을 읽든가 강의를 들어야 해'라는 사고방식을 가졌다.

사람에 따라 무언가를 할 줄 아는 능력은 다르다. 당신이 어떤 일을 할 줄 모른다면 당연히 그 이유를 파악해야 한다. 그것이 당신의 실력 개선에 도움이 된다. 그 장애물은 다음과 같다.

- **완고함.** 이것은 강점이 될 수도 있고 약점이 될 수도 있다. 가치를 지켜야 할 때는 큰 도움이 된다. 하지만 더 이상 생각하기 싫다는 이유 때문이라면 완고함은 커다란 방해물이 된다. 종종 새로운 것을 거절하는 모습으로 표현되는 완고함은 편리한 장막이 되어준다.

- **난 똑똑하니까.** 그러니까 내가 맞아! 자신의 지능에 대한 믿음이 확고한 사람들은 지능의 유형은 매우 다양하므로 지극히 주관적이라고 할 수 있다 더 배울 필요가 없다고 자신을 합리화시킨다. 자신의 가치관과 맞지 않으면 무조건 거절한다는 뜻도 된다. 또 자신의 정치적 성향과 일치하는 오직 하나의 신문만 읽는 것이나 마찬가지다.

- **자신감 부족.** 이것은 자기보다 다른 사람들이 항상 많이 알고 있다는 파괴적인 형태로 표현되는 경우가 많다. 가끔씩 그런 기분을 느낀다면 학창 시절 튀는 학생이었거나 그다지 뛰어나지 못했기 때문일지도 모른다. 또는 교육 환경이 당신에게 맞지 않았거나, 배움의 속도가 느렸다거나, 당신의

관심사가 시험 과목과는 관계가 없었다거나 등의 이유 때문일 수도 있다.

- **내 세계는 당신의 세계.** 당신의 내면에는 아는 것을 타인에게 말해주고 싶은 목소리가 존재한다. 그 이유는 여러 가지가 있지만 그중 하나는 타인이 당신의 지식에 감탄하기를 바라기 때문이다. 하지만 정말로 똑똑한 행동은 그 반대로 활용하는 것이다. 사람들은 자신에 대해 말하는 것을 좋아하고 그럴 기회를 주면 좋아한다. 따라서 대화의 방향을 바꾸려고 해보라.

  – '흥미로운 관점이야. 왜 그렇게 생각해?'

  – '난 그 생각은 못했는데. 더 말해줘.'

  – '어떻게 하면 그렇게 새로운 관점을 가질 수 있지?'

✤ *Summary!*

- 모른다는 사실을 인정하기란 쉽지 않다. 하지만 당신이 모른다는 사실을 솔직하게 인정할 필요가 있다_{행운의 조건 8 참고}.
- '난 할 수 없어'라고 생각한다면 그런 생각을 하게끔 가능성을 보여준 사람이 분명히 있을 것이다. 그 사람들에게서 영감을 얻어라. 만약 그런 사람이 없다면 당신이 가능성을 입증하는 첫 번째 사람이 되려고 해보라.
- 타인에게서 가르침을 얻을 때는 가슴과 머리를 모두 움직여야 한다. 가슴은 추진력을 제공하고 머리는 필요한 행동 방안을 내놓는다.
- 적극적으로 듣고 관찰하라.
- 배운 것을 보강하고 연습하라.

두려움을
성취감으로 바꾸기

한 번의 실수나 좋지 않은 경험은 어떤 일의 중요성을 떨어뜨릴 수 있다. 똑같거나 비슷한 실수를 하지 말아야 한다는 생각이 압박감을 일으켜서 오히려 실수할 가능성이 커진다. 이 책의 앞부분에서는 실패에 반응하는 법을 설명하면서 프레젠테이션을 예로 들었었다. 여기에서도 같은 예를 들어보자. 당신이 앞에서 말한 이유 때문에 좋지 않은 경험을 했다고 해보자. 이를 테면 대답하기 어려운 질문이 들어왔다. 그때 그 문제를 해결하지 않고 그대로 둔다면 나중에는 똑같은 상황이 닥칠까봐 두려워지고 피하려고 하게 된다. 그러면 다음에도 똑같거나 비슷한 상황이 일어날 수 있다.

그렇다면 그 두려움은 현실에서 어떻게 나타날까? 프레젠테이션을 하는 도중 질문을 할 때 나타난다. "제가 지금 언급한 것들은 여러분이 하는 일에 직접적인 영향을 끼치는 중요한 사안입니다. 아마 여러분도 궁금한 점이 있을 겁니다"라고 자신 있는 태도로 질문을 유도할 수가 없다. 작고 소심한 목소리에 자기방어적인 보디랭귀지가 나온다. 또한 "질문 있으신 분 있습니까?"처럼 소극적인 언어를 사용하게 된다. 어조와 단어, 보디랭귀지를 통해 당신의 두려움이 전해지므로 집단 역시 무언으로 '아니오'라고 답하게 된다.

SID와 이해

머리말에서 내면의 대화, 그중에서도 자신과의 긍정적인 대화인 '건전한 내면의 대화SID'에 대해서 말했다. 내면의 대화란 당신이 자신과 나누는 대화이며 다음 중 하나가 될 수 있다.

- **과거를 참고하기.** 자신에게 어떤 일이 왜 일어났는지 설명하려는 것이다. 예를 들어 파티에서 사람들과의 대화에 끼어들기가 어려운데 지난번에도 어색함 때문에 먼저 자리를 떠난 적이 있다. 또는 당신이 선수로 뛰는 팀이 대패한 이유를 분석하려고 한다.
- **미래에 대해서 생각할 때.** 미래의 상황이 어떻게 될지에 대해 자신에게 이야기하는 것이다. 예를 들어 당신은 거슬리는 문제에 대해 친구와 쉽지 않은 대화를 나눠야 할 수도 있다. 또는 누군가와 만나기로 약속을 했는데 상대

방이 나오지 않아서 그 이유를 물어보고 싶을 수도 있다. 지난번 프레젠테이션을 잘하지 못했는데 이번에 또 해야 할 수도 있다.

위에서는 잘되지 않았거나 잘되지 않을 것으로 예측되는 일들을 예로 들어 보여주었다. 하지만 내면의 대화는 잘된 일이나 잘될 것으로 확신하는 일도 포함된다.

누구나 내면의 대화를 한다. 그것은 당신을 공포에 질리게 할 수도 있고 홀가분하게 만들어주기도 한다. 이제 앞으로 다가올 특정한 상황에 대해 두려움과 불안을 느끼는, 이른바 기대 불안을 극복하는 방법을 알아보기로 하자. 어떻게 하면 부정적인 감정을 긍정적인 힘으로 바꿀 수 있을까?

여기에서는 부정적이거나 지나치게 비관적인 생각에 지배당하지 않을 수 있는 방법을 소개한다심리학자 마틴 셀리그먼의 ABCDE 방식을 응용. 이것은 예전에 불편하게만 느껴졌던 것들에 대해 긍정적인 사고의 틀을 가지게 해주므로 매우 유용한 기술이다. 이는 모두 6단계로 이루어진다.

제1단계 **상황**S; Situation
당신이 예측하는 힘든 상황이 무엇인지 파악한다.

제2단계 **구체적인 문제**S; Specifics
당신은 그 상황에서 구체적으로 무엇에 불편함을 느끼는가?

제3단계 **중요성**S; Significance
당신이 그 상황에서 느끼는 감정이 행동에 어떤 영향을 끼치는지 알아야 한다. 불안한가? 그 불안감이 어떤 영향을 끼치는가?

제4단계 **영향**I: Implications

이 부분에 대해서는 현실적으로 생각해볼 필요가 있다. 첫째, 최악의 시나리오가 실제로 닥칠 가능성이 있는지 알아야 한다. 둘째, 당신의 행동에 영향을 끼칠 것으로 파악된 것이 당신이 기대한 상황을 그대로 만들어낼 가능성이 높다는 점을 알아야 한다. 다시 말해서 자기실현적인 예언이 된다는 의미다.

제5단계 **탐구**I; Investigation

이것은 현실적인 사고를 통해서 부정적인 감정을 긍정적인 사고방식으로 바꾸는 단계다. 다음과 같은 질문으로 시작한다.

- '예전에도 일어난 적이 있던 일인가?'
- '매번 최악의 시나리오를 떠올리고 그대로 실현되리라고 생각하지는 않는가?'
- 누구나 과장해서 생각하기 쉽다. 작은 문제인데도 마음속으로 훨씬 크고 심각하게 생각하는 것이다. 그리고 '난 잘 못해'처럼 자신의 능력 수준에 대해 막연하게 생각하는 경향이 있다. 따라서 '내가 과장하고 있는가? 이 불안이나 두려움 중에서 정말로 사실이거나 부분적으로라도 사실인 것은 무엇인가?'라고 꼭 생각해봐야 한다.

과장하지 않고 사실적으로 생각하면 제2단계의 구체적인 문제점을 알 수 있다. 프레젠테이션을 하는 동안 프로젝터가 제대로 작동하지 않을까봐 걱정인가? 그렇다면 미리 문제가 있는지 확인하거나 만약을 대비한 계획을 세워둔다. 상대편 스트라이커가 당신보다 빨라서 공으로 더 먼저 달려갈까봐 걱정되는가? 그에 대한 대비책을 찾아라. 좀 더 뒤쪽에서 뛰어 상대팀 선수가 공간 활용을 못하도록 한다. 타인에게 믿음을 주지 못할까봐 걱정되는가? 목소리나 옷차림, 보디랭귀지 등에 신경을 써라. 물론 이것은 간단한 SID로는 해결할 수 없는 큰 문제다. 하지만 SID를 통해 문제점을 도출함으로써 진전을 이룰 수 있다.

제6단계 **역동성**D; Dynamism

전 단계에서 탐구를 통해 과장된 반응을 골라내면 '어려운 상황'이 두려움이 아니라 '기회'임을 알 수 있다. 두려움에 맞서 극복 방법을 찾아냄으로써 행동에 역동성이 생긴다.

SID 기법 실행

제6장 '사람' 편에서는 일대일, 또는 콘퍼런스나 회의 등 사회적 상황에서 여러 방법으로 인맥을 쌓는 방법에 대해 살펴볼 예정이다. 커다란 집단을 대상으로 할 때 SID 기법을 어떻게 활용하는지 구체적인 상황에 따라 알아본다.

마지막 생각

배움의 의지가 멈추는 순간 당신이라는 사람도 멈춘다.

> "난 계속 더 발전하고 싶어요. 최근에 좀 더 정식으로 클래식 기타를 배우기 시작했고 기타 강습도 하고 있어요. 또 풀타임 뮤지션이 되어서 무척 기뻐요. 하지만 그렇게 되기까지 많은 노력을 했어요."
>
> _모

❧ *Summary!*
- 사소한 문제에 두려움이나 불안을 느끼도록 만드는 자기대화를 피해라.
- 부정적인 사고방식으로 현실을 예측하지 마라.
- 당신의 능력은 고정되지 않았다. 자신과의 긍정적인 대화가 당신을 바꿀 수 있다. 인생은 기정사실이 아니다.
- 한 단계씩 차근차근 약점을 개선하면 커다란 난관을 극복할 수 있다.
- 예전에는 불편하게만 느껴진 상황이라도 생각하기에 따라 기대하게 될 수도 있다.

제 4 장

수행

최고의 실력자들은 자신의 실력에 신경을 많이 쓴다는 사실을 깨달았어요. 그들은 기준을 높이 잡고 의욕에 넘치지만 기꺼이 타인의 가르침을 받아들이기도 해요. 그만큼 겸손하다는 뜻이죠. 노력을 대신할 수 있는 건 없어요. 변호사들도 매우 열심히 일하죠. 식상하게 들릴지 모르겠지만 최고는 노력을 하면서도 일과 삶의 균형을 맞추는 사람이에요. 자신만의 관심사를 추구하죠.

_조녀선

이 장에서 살펴볼 행운의 조건

'세계적인 실력'의 구성요소는 주관적이다. 하지만 '뛰어난 실력'을 이루는 요소는 그렇지 않다. 전통적인 업무 환경이든 스포츠나 악기, 정치 분야 등 최고의 실력자들을 살펴보면 공통적인 특징이 있다. 이 장에서는 그 특징을 알아보고 당신의 삶에서 직접 응용할 수 있는 방법을 알아본다. 제1장에서 살펴본 행운의 조건들과도 관련이 있다.

이 책의 목적은 당신이 예전에는 생각하지 못한 수준까지 능력을 펼칠 수 있도록 도와주는 데 있다. 콜 센터에서 일하는 사람이라면 전화를 통한 세일즈 실적을 올리고 싶을 것이다. 팀의 리더나 매니저라면 리더십을 발전시키고 싶을 것이다. 또 어떤 사람은 취미로 기타 실력을 키우고 싶을 수도 있다. 그리고 부모로서 아이가 자신의 모습을 있는 그대로 표현하도록 도와주고 싶을지도 모른다.

지난 20~30년간의 연구 결과를 살펴보면 재능은 성공을 예측하는 유일한 요소가 아니며 그리 믿을 만하지 않다는 것을 알 수 있다. 뇌의 특정한 요소가 자극에 따라 바뀌고 적응한다는 사실로 볼 때 타고난 재능은 도움은 되지만 나중에 실력을 보장해주지는 못하기 때문이다. 심리학에서는 타고난 재능이 아무리 뛰어나도 목적과 의미 있는 연습이 더 중요하다고 말한다. 제프 콜빈의 『월드 클래스 퍼포머들은 어떻게 다른가』와 매튜 시에드 Matthew Syed의 『베스트 플레이어Bounce 』에서 그 예들이 나온다. 당신이 삶이라는 경기장에서 무엇을 하고 싶어 하든 연습을 통해 실력을 개선하고 성장시킬 수 있다. 그것이 특정 영역에서 실력을 발휘하고자 하는 본질적인 동기와 합쳐진다면 더욱 좋다.

노력

"재능 있는 사람들은 재능이 있다는 이유만으로 계속 성공가도를 달릴 수 있다고 생각합니다. 어린 선수들 중에는 늦게 성공하는 경우도 있는데 그 이유는 잘하고 싶어서 열심히 노력했기 때문이에요. 그들은 실패와 실망을 극복할 줄 알죠. 최고가 되기 위해 험난한 길을 걸어왔으니까요. 타고난 재능은 어느 정도 성공을 가져다줄 수는 있지만 진짜 최고가 될 수 있게 해주는 것은 노력이에요. 나는 인생의 다른 여러 분야에서도 그 사실을 깨달았어요. 어느 소질 있는 분야에 본인의 노력까지 더해진다면 그것은 곧 강력한 조합으로 이루어집니다. 하지만 난 노력이 가장 중요하다고 생각해요."

_나이젤

노력하는 사람이 이긴다

나이젤 로버츠Nigel Roberts는 35세 이상 선수들이 모인 영국 아이스하키 팀의 주장이었다. 현재 그는 선수생활을 은퇴하고 훌 킹스턴 코브라스Hull Kingston Cobras라는 자신의 클럽에서 코치를 하고 있다. 덕분에 그는 어린 선수들이 발전해가는 모습을 지켜볼 수 있었다. 그러면서 그는 12~13세쯤에 하키에 입문하자마자 뛰어난 실력을 보이는 이들이 18~20세가 되어서 성공하는 선수들이 아니라는 사실을 알게 되었다.

누구나 지름길을 좋아한다. 다이어트를 하려면 적게 먹고 운동을 많이 해야 한다는 사실은 누구나 안다. 그런데도 수많은 이들이 효과도 별로 입증되지 않은 각종 다이어트에 엄청난 돈을 쏟아붓는다. 운동은 시간이 걸리고 힘들기 때문에 피하고 싶은 것이다. 한번 생각해보자. 낮에 TV 채널을 돌리다보면 지방을 태워주고 근육을 키워준다는 각종 기구가 나온다. 다이어트 중이라 그 기구들에 관심이 간다. 왠지 살이 빨리 빠질 것 같다. 그런데 정작 소파에 누워서 그런 것들을 보고 있다.

실력은 지름길로 이루어지지 않는다. 최고의 실력을 발휘하려면 몰입을 통해 열심히 노력해서 자신이 원하는 수준에 이르러야 한다. 윈스턴 처칠 Winston Churchill은 즉흥 연설의 탁월한 능력에 대해 이렇게 답했다. "즉흥 연설은 사전 준비없이는 아무 가치가 없습니다"라고 답했다. 그는 연설을 바로 잡기 위해 며칠이나 투자했다.

나는 나인가?

실력을 키우기 위해 중요한 출발점이 되는 것은 자신이 잘할 수 있으며 잘할 것이라는 믿음이다. 그러한 믿음이 없다면 아무리 노력한들 무슨 소용이 있겠는가? 하지만 실제로는 명백하고 보편적인 믿음으로 자리 잡혀 있지 못하다. 사람의 능력이 태어날 때부터 미리 정해져 있다고 곧이곧대로 받아들이지 마라. 행운의 조건 5 '자신의 능력 알기'에서는 사람들이 자신의 능력에 제한을 두는 이유를 설명해주었다. 당신은 스스로 가능하다고 믿는 수준만큼만 할 수 있다고 생각한다. 하지만 누구나 가끔씩 자신에게 놀랄 때가 있다. 당신의 내면에는 생각보다 많은 것들이 자리한다는 증거다.

자신에게 놀라는 순간은 '초심자의 행운'이나 '운명론적인 관점'으로도 보면 안 된다. 운명론적인 관점은 몸과 마음을 적응시키는 노력을 허용하지 않기 때문이다. 신경학과 같이 인간에 대한 이해를 다루는 분야의 진보는 당신이 기꺼이 시간을 투자할 마음이 있다면 변화를 만들어낼 수 있다고 말한다.

연구에 따르면 뇌는 새로운 자극에 노출되었을 때 가소성可塑性을 가진다고 한다. 2000년에 어느 연구에서는 런던 택시 기사들이 통제 집단보다 해마뇌에서 공간 의식을 담당하는 영역가 크고 숙련된 운전자들일수록 해마가 더 크다는 사실이 밝혀졌다. 이는 특정 시간에 노출되는 자극에 따라서 뇌가 팽창하거나 수축한다는 뜻이 아니다. 다만 연구 결과를 보면 자극이 전기 활동을 증가시켜 뇌가 그것에 적응함으로써, 시간이 지남에 따라 능력 개선이 이루어진다는 증거가 있다. 당신의 본질은 절대 변하지 않는다. 하지만 그 외의 것과 뇌는 새로운 생각과 행동 패턴에 규칙적으로 노출되면서 변할 수 있다.

　여기에서 또다시 행운의 조건 1의 중요성을 알 수 있다. 전혀 연관성이 느껴지지 않는 일을 계속 밀어붙일 수는 없다. 하지만 연관성을 느끼는 일이라면 다르다. 많은 노력을 쏟아부을수록 성과가 나올 것이며 생각보다 더 큰 가능성을 실현할 수 있다고 믿게 된다.

　실생활에서의 예시를 들어보자. 당신이 감독관이나 관리자로서 자신의 관리 업무 능력을 개선하고 싶다고 해보자. 팀원들에게 지시만 하지 말고 그들의 관점에서 바라보고 공감할 필요가 있다. 처음에는 어색하게 느껴지겠지만 계속 연습하면 뇌가 당신의 사고방식에 적응하므로 공감하는 관리자의 특징이 더욱 자연스럽게 느껴질 것이다. 물론 시간을 투자할 의향이 있어야 한다. 뇌는 경험을 통해서 발전하므로 시간을 투자하면 곧 새로운 행동에 자연스럽게 익숙해진다.

　미엘린Myelin은 뇌의 신경세포를 둘러싼 지방질 물질로 뇌의 각 부위의 '연결' 속도를 높인다. 신경학에서는 그 자극이 탄력적인 뇌를 변화시켜 기술의 개선을 촉진시킨다는 사실을 보여준다. 팔 힘이 세지기를 원한다면 팔 운동을 하면 된다. 마찬가지로 팀원들과 공감할 줄 아는 관리자가 되고 싶다면 연습을 해야 한다.

목적을 위한 연습

　　"열네 살 때 형의 침대 아래에서 울워스 일렉트릭 기타를 발견했어요.
　　형은 평소에 기타를 만지지도 않았기 때문에 제가 그걸 빌려달라고 했죠. 기타를 잡은 순간부터 그게 바로 '나'라는 걸 알았어요. 기타를 한 번 붙잡으면 몇 시간 동안 놓지 않았어요. 연습하느라고 친구들과 노는 것도 포기했죠. 어쨌든 학교엔 운동장도 없었으니까요. 훌륭한 연주자들은 훨씬 어린 나이에 시작했다는 걸 알고 따라잡으려고 더 노력했어요. 하지만 그때까지만 해도 정식으로 기타를 배운 적은 없었어요. 대학에 입학할 즈음에는 O급이었지만 이내 A급까지 올라갔어요. 기타 연주자들을 만나거나 취미가 비슷한 학생들이나 연주회에서 만난 사람들과도 쭉 어울렸죠. 혼자서 자유롭게 배우면서 그렇게 했어요. 1980년대 초반에 미국 잡지《기타 플레이어Guitar Player》를 비싸게 주고 샀어요. 잡지 뒷부분에는 프랭크 자파Frank Zappa, 래리 코리엘Larry Coryell, 로버트 프립Robert Fripp 같은 당대 최고의 기타 연주자들이 설명하는 다양한 연주 기법이 자세히 소개되어 있었어요. 그걸로 화음 같은 기본적인 것들을 배웠죠."

_모

여기에서 모는 몰입과 노력을 통해 실력을 키울 수 있었다고 말한다. 타고난 재능도 중요하지만 최고의 실력자들이 남들과 다른 점은 엄청난 시간을 투자해서 연습한다는 것이다. 이것을 알려주는 연구 결과는 수없이 많다. 즉 노력이 중요하다는 뜻이다. 이와 동시에 한 가지 더 알려준다. 시간을 투자하는 것도 중요하지만 그 투자에는 목적이 따라야만 한다는 점을 말이다.

연습, 그리고 반복의 고통

반복하다 보면 지루해질 수 있다. 당신의 '내적인 동기'를 실험하는 방법은 고통을 얼마나 견딜 수 있고 연습을 계속할 준비가 되어 있는지 알 수 있는 일을 해보는 것이다. 지금 연습하고 있는 것을 달성했을 때의 기분을 상상해보면 육체적이든 정신적이든 현재의 고통을 극복할 수 있다.

　개인적인 예시를 하나 들어보겠다. 2년 동안 수영에 푹 빠졌다. 처음에 수영을 시작한 이유는 체중을 줄이기 위해서였다. 역시 효과가 있었다. 하지만 그 이상이 필요하다는 사실을 깨달았다. 수영이 좋기는 했지만_{앞에서 연관성이 중요하다고 강조한 것처럼} 물속에 있기 위해서는 체중을 줄일 수 있다는 것보다 원대한 이유가 필요했다. 그래서 2.5킬로미터 수영 마라톤_{수영장 길이를 100번 헤엄치는 것} 반에 들어가 훈련을 받았다. 처음에는 한 번도 쉬지 않고 100번을 헤엄친다는 것이 전혀 불가능한 일처럼 느껴졌다. 그래서 흥미를 잃지 않기 위해 목표시간을 세워 실제 '수영 마라톤' 대회에서 그 목표를 깨뜨리기로 했다. 곧 그 목표를 달성했고 다음 해에는 7분 단축이라는 새로운 목표를 세웠다. 역시 그것도 달성했다. 이 글을 쓰는 지금까지 10분을 더 단축했고 다음번 수영 마라톤에서는 2년 전보다 20~22분 단축된 기록을 달성할 것이다. 매번 목표의식을 가지고 수영장에 들어간다. 그래서 지루함이나 반복의 고통을 없앨 수 있다. 목표가 없으면 수영장을 왔다 갔다 하기가 몹시 지루해진다. 최근에는 자유영보다 평영의 비율을 줄여서 자유영만으로 수영장을 100번 헤엄치는 것을 목표로 연습했다. 자유영이 평영보다 훨씬 빠르고 육체적으로도 힘들다. 나는 항상 목표를 바꾼다. 수영 연습이 끝날 때마다 기분이 더욱 좋아진다. 특히 기록이 몇 초 줄어들었을 때는 자부심이 느껴진다. 또한 힘든 육체 활동을 하고 난 후에 생성된 엔도르핀으로 '짜릿함'도 느낀다.

지금 소개한 연습의 목표는 나에게만 해당하는 것이다. 나에게는 효과가 있다. 어떤 목표가 효과적인지는 사람마다 다르다. 하지만 실력을 개선하고 싶다면 반드시 목표가 있어야만 한다. 최고의 실력자들은 마음에 원대한 목표를 품고 매일 차근차근 연습해나간다. 이러한 단계적인 접근 방법에 대해서는 제5장에서 구체적인 사례를 소개하며 다시 살펴보기로 한다.

연습과 자아실현

마음속에 목표 또는 자아실현을 품으면 강한 동기부여가 된다. 당신이 선택한 분야에서 능력을 발휘하는 모습을 상상해보면 목적의식이 생겨서 커다란 목표를 이루는 데 도움이 된다. 그 모습을 상상해보고도 힘이 생기지 않는다면 괜한 시간 낭비일지도 모른다.

연습과 자격부여

젊은 세대들은 학력 성과를 얕보는 세상을 잘 아는 것 같아서 언제나 놀라게 된다. 예전에 시험이 더 어려웠는가 하는 질문은 아무런 의미도 없다. 그 답은 자기합리화인 경우가 많을 테니까. 요즘 7~8세 아이들은 내가 그 정도 나이였을 때는 알지 못했던 것들을 아는 것 같다. 핵심은 우리를 여기까지 오게 해준 지식이 기술의 진보와 더 많은 것을 아는 사람들과 자신의 실력에 대한 만족으로 대체되었다는 것이다. 최고의 실력자들은 나이나 경험, 과거의 성공에 상관없이 계속해서 자신의 자격을 검증한다.

- 새로운 기술과 방식을 잘 알아둔다 절대 이것들을 묵살하지 마라.
- "내가 여전히 하고 있는 것 중에서 이제 쓸모없어진 것은 무엇인가?"를 생각해본다.
- 나이나 과거의 성공과는 상관없이 계속 기술을 개선하려는 의지를 가져라 이 장의 첫 부분에서 소개한 조녀선의 말을 떠올려라.

❋ *Summary!*
- 최고의 실력자들은 열심히 노력한다.
- 그 노력에는 항상 목적이 따른다.
- 새 기술을 연마하는 목표가 꼭 있어야 한다.
- '미래의 모습'을 동기부여의 도구로 활용한다.
- 현재 상태에 만족하고 안주하지 말아야 한다.

핵심은
무엇인가?

"'저들이 나에게 원하는 게 무엇인가?'를 항상 생각합니다. 같이 일하는 사람들에게 제가 서비스를 제공해야 하니까 그 점을 확실히 알아야만 하죠. 물론 직업마다 다르겠지만 이건 무척 중요한 일이에요. 예를 들어 제가 현재 맡은 업무에서는 '지적임'을 보여줄 필요가 있어요. 변호사들이 갖춰야 할 필수 조건이죠. 그리고 생각을 분명히 표현할 필요도 있어요. 대화도 매끄럽게 잘해야 하죠. 그런 것들을 잘해야만 신용을 얻을 수 있어요. 그리고 독창적인 아이디어를 낼 수 있어야 하고, 직업의 특성상 다른 사람들의 아이디어를 막기보다는 유도할 수 있어야 하죠. 그들의 일을 좀 더 쉽게 만들어줘야 해요."

_조너선

바로 앞서 행운의 조건에서는 목적을 가지고 연습하는 것이 중요하다고 말했다. 기타 연주든 수영이든 프레젠테이션 기술 향상이든 마찬가지다. 이번 행운의 조건에서는 그것을 좀 더 실용적인 측면에서 나아가 살펴본다. 다시 말해 당신이 직업을 선택하는 이유와 '일을 할 때' 당신의 역할에 대한 문제다. 예를 들어 타인이 당신에게 원하는 정확한 평가와 당신이 팀에 기여하는 바를 정확히 알아야 한다는 뜻이다. 당신이 어떤 분야에서 두각을 나타내는 이유는 그 역할에 개성을 부여할 수 있기 때문일 것이다. 하지만 일상의 틀에 파묻히다 보면 그 개성을 잃어버릴 수 있다.

내 역할은 무엇인가? — 타인을 위한 것

내가 이 책을 쓰기 위해 인터뷰한 여섯 명뿐만 아니라 지금까지 만나본 성공한 사람들에게는 자신이 선택한 분야에서 어떤 역할을 수행해야 하는지 정확히 알고 있다는 공통점이 있었다. 흥미롭게도 그들은 타인을 꾸준히 참고하는데, 성공한 사람들은 타인과 긴밀하게 이어져 있다는 특징이 있었다. 애덤의 경우에는 자신에게 도움이 되는 여러 여과 장치를 활용한다. 그가 하는 일에서도 타인의 세계에 들어가는 것이 중요하다. 평범한 사무 환경뿐만 아니라 창조성이 중요한 환경에서도 마찬가지다.

"내 업무에 도움이 되는 여러 가지 여과 장치가 있습니다. 가장 중요한 것은 제가 관객이나 사용자들의 입장이 되어 '나에게 어떤 이익이 있지?' 하고 자문해보는 거예요. 분명히 그들한테 이익이 되는 게 있어야만 해요. 그들의 욕구가 충족되어야만 하죠. 또 다른 중요한 여과 장치는 바로 '나라면 할 것인가?'라고 생각해보는 거예요. 몇 년 전에 정부 관계자들과 업계 전문가들과 고속 통신망을 상업화하는 문제로 회의를 한 적이 있어요. 그중에는 화려한 모델을 강요하는 사람들도 있었죠. 그래서 이렇게 물었어요. "좋아요. 여기 지난 6개월 동안 그런 온라인 콘텐츠를 사기 위해 현금을 지불한 사람이 있습니까?" 아무도 없더군요. "그렇다면 과연 누가 그걸 사겠어요?"라는 질문의 답이었죠."

미셸의 경우도 마찬가지다. 그녀는 고객을 강조한다.

"타인의 입장에서 생각해보는 게 정말 중요하다고 생각해요. 나는 '내가 원하는 걸 그들도 원할 거야'라고 생각하지 않고 '내 고객들이 무엇을 원할까?'라고 자문해봐요. 그런 방식으로 대화를 자주 하죠. 동료나 소비자, 공무원, 공사들한테도 활용해요. '당신의 말을 주의 깊게 잘 들었습니다. 당신이 무엇을 필요로 하는지 알았고 나는 이렇게 도울 수 있습니다'라고 말할 수 있는 사람이 되고 싶어요."

요약하면 타인이 당신에게 무엇을 원할지 자문해보라는 말이다. 단지 추측하지 마라. 확실하지 않다면 구체적으로 생각해볼 가치가 충분하다. 미셸의 말처럼 당신이 할 수 있는 가장 쉬운 방법이 타인이 필요로 하는 것이 아닐 수 있다. 하지만 많은 이들이 그 점을 알지 못하는 것 같다.

내 역할은 무엇인가? — 집단의 일원으로서

자신이 선택한 종목에서 기량을 최대화하는 것이 일류 운동선수에게 주어진 기본적인 역할일 것이다. 그러나 스포츠팀의 일원이라면 모든 구성원이 각자 팀을 위한 역할을 찾아야 한다. 그레그에게는 그것이 다음과 같은 의미다.

> "나는 우리 팀이 균형감을 잃지 않도록 격려한다. 팀원들은 전부 23~28세 사이다. 새로운 선글라스나 후원업체의 선물이 마음에 들지 않을 수도 있지만, 나는 그들에게 균형감을 잃으면 안 된다는 점을 상기시켜준다. 나는 필요한 상황에서 선수와 코치 사이를 연결해주는 '다리' 역할을 한다."

직장과 클럽, 또는 가족의 일원으로서 많은 사람이 집단 속에서 활동한다. 그래서 당신이 집단에서 어떤 역할을 수행하는지는 매우 중요하다. 그레그는 동료들보다 나이40세와 경험이 많아 자신의 지혜를 팀의 이익을 위해 활용한다. 당신의 능력은 팀원 모두의 능력과 하나로 연결되어 있다. 따라서 그 안에서 당신의 역할과 수행 방식을 평가해야만 한다.

일반적으로 집단 내에서 필요한 역할은 다음과 같다.

- **리드하는 사람.** 관리자가 꼭 리더인 것은 아니다. 타인이 당신을 존중하고 신용하며 많은 경험을 가진 당신에게 방향에 대한 조언을 얻도록 하는 것도 리드하는 사람의 모습이다. 리더의 역할은 두 가지로 나뉜다. '명령하고 지시하는 방식'과 '협동적이고 합의적인 방식'이다. 리더들은 둘 중 하

나를 선호한다. 앞에서 나온 그레그의 말에서는 협동적인 리더와 조화를 맞춰주는 사람의 역할이 합쳐졌다.

- **생각하는 사람.** 당신은 새로운 아이디어나 남들과 다른 관점을 제시하는 가? 이를테면 당신은 반대 의견을 기꺼이 말하는가? 항상 자신의 생각을 말하는가? 집단 내에서 가장 조용한 사람들이 사상가 역할을 하기도 한 다. 당신의 생각을 단호하게 밀어붙여야 한다.
- **조화를 이끌어내는 사람.** 구성원들의 관계를 회복시키고 의견이 불일치할 때 해결책을 찾고 공감을 보여주고 화합시키고 재미있게 해주는 등 감정 의 접착제 역할을 한다.
- **실행하는 사람.** 행동을 기반으로 움직이는 사람이다. 위험보다는 가능성을 인식해서 집단 내에 긍정적인 분위기를 조성한다.
- **성취하는 사람/해결하는 사람.** 올바른 일을 실행하는 역할로 문제적 상황을 해결하는 역할이기도 하다. 집단이 문제에 처했을 때 실용적인 지혜로 해 결한다.

당신은 이 중에서 한 가지 역할만 수행할 수는 없지만 모든 역할을 똑같 은 수준으로 해낼 수도 없다. 내 경험에 따르면 누구나 이 중에서 두 가지 역할은 잘할 수 있는 능력으로 타고나며 하나는 보통, 그리고 나머지 둘은 잘하지 못한다. 당신에게 가장 잘 맞는 역할들을 주관적으로 평가해보려면 타인의 솔직한 의견을 얻는 것이 소중하다. 하지만 이 책에서 거듭 강조하 고 있듯이 자기인식은 여러 행복의 요소에 영향을 끼치는 중요한 특성이며 타인이 당신을 어떻게 생각하는지에 대해서도 마음을 열고 참고하면 도움 이 된다.

왜 작은 것이 중요한가?

누구나 자신의 일에 대해 지루하게 느껴지거나 95%도 충분하다고 생각해서 일을 그만두는 경우가 있다. 하지만 성취욕이 높은 사람들은 단지 잘하는 사람과의 차이가 마지막 하나 때문이라는 것을 잘 안다. 마지막 몇 %의 노력이야말로 그럭저럭 잘하는 사람과 정말 잘하는 사람의 차이다. 그래서 그레그 설은 훈련할 때 추가적인 노력을 기울이는 것이 중요하다고 말한다.

"10분의 1초라도 기록을 단축하려고 미친 듯이 노력하는 게 때로는 무의미하게 느껴지기도 해요. 하지만 한 걸음 뒤로 물러나보면 그렇게 노력할 수 있다는 게 얼마나 행운인지, 그리고 10분의 1초가 얼마나 의미 있는지 깨닫게 되죠."

애덤은 처음부터 작은 것에 엄청난 관심을 기울였다. 그에게 그것이 왜 중요한지 물어보았다. 앞서 애덤이 말한 여러 여과 장치 중 세 번째 여과 장치에 대한 것으로, 비록 그가 처한 특정한 상황에 관련된 대답이지만 흥미로운 사실이 드러난다.

"세 번째 여과 장치는 제가 '실제 행동'이라고 부르는 거예요. 우리 채널 4 온라인Channel 4 Online에서는 '사용자 중심적인 디자인'이라는 중요한 기법을 활용합니다. 최종 사용자, 즉 소비자의 욕구와 그들의 특수 상황과 환경에 초점을 맞추는 거죠. 따라서 이런 질문을 떠올릴 필요가 있어요. '이것이 소비자들에게 정말로 해당되는가? 소비자들이 기꺼이 그렇게 할 것인가?' 그러려면 작은 것에 정말로 주의를 기울일 수밖에 없어요. '고객들이 화면의 어느 쪽을 보고 앉는가? 실내에는 누가 있는가? 상호작용이 어떻게 제어되는가? 제어기기를 누가 가지고 있는가?' 그런 작은 것들이 큰 차이를 만들어요. 아이폰을 한번 보세요. 세상에서 제일 좋은 휴대전화라고는 할 수 없겠지만 즐겁게 사용할 수 있잖아요. 한 가지 예를 들면 아이폰으로 문자를 보내면 만화처럼 말풍선이 생기죠. 꼭 필요한 기능은 아니지만 기능성에 재미와 즐거움까지 더해주죠."

'나' 되기

제2장에서 때로는 타협이 필요하기도 하지만 진정한 자신의 모습을 찾는 것이 중요하다고 말했다. 진정한 내가 될 수 없다면 행복해지기도 힘들다. 일은 자신의 개성을 표현해줄 수단이 되어야 한다. 이는 조너선의 말에서 잘 나타난다.

"제 직업의 특성상 타인의 성공을 옆에서 지켜볼 기회가 많았어요. 최근에 영국 최대의 로펌 두 곳에서 일했기 때문에 변호사에게만 해당되는 것처럼 보일 수도 있겠지만 다른 업무 환경에서도 마찬가지일 거라고 생각합니다. 우선, 인기가 많으면 유용해요. 제 동료의 말을 인용하면 '성공한 사람에게는 평론가가 생긴다'라는 것이죠. 물론 뛰어난 실력도 중요하지만, 개성은 새로움을 가져다줄 수 있어요. 예를 들면 변호사들은 사무실에 틀어박혀 150페이지나 되는 서류를 한두 시간 만에 읽고 제대로 파악해야 하죠. 그게 정말 중요해요. 하지만 가장 중요한 것은 새로운 일을 따내는 능력이에요. 그러기 위해서는 대인관계 기술이 좋아야 하죠. 성격도 좋고 자신감 넘치고 고객의 입장에서 생각할 줄 알아야 해요. 하지만 변호사처럼 똑똑한 사람들도 혼란에 빠지는 경우가 많아요."

'사람은 저마다 고유한 존재'라는 표현은 어느새 너무도 당연한 진리로 자리 잡았고 너무 자주 인용되다 보니 진부하게 느껴지기도 한다. 하지만 아무리 흔하게 쓰이는 표현이라도 사실은 사실이다. 하지만 만나는 모든 사람의 고유한 특징을 사랑하라는 뜻은 아니다. 그 '고유함' 중에는 짜증을 불러일으키는 것도 있으니까. 성격 분석 업계에서는 상징적으로는 흥미롭지만 아무런 의미도 없는 고정관념을 강요하려고 한다.

당신은 전 세계 70억 개나 되는 '하나뿐인' 고정관념 중의 하나다. 그 사실이 당신을 더욱 흥미로운 사람으로 만든다. 요즘은 더욱 개성이 절실하게 필요한 세상이다. 조너선의 말처럼 '새로움을 가져다줄 수 있는 것'이 필요하다. 당신의 개성은 무엇인가? 타인에게는 없고 당신에게만 있는 것은 무엇인가? 당신의 개성을 어떻게 유지하고 표현하는가?

✿ Summary!

- 당신이 하는 일은 타인이 하는 일과 연결되어 있다는 것을 기억해야 한다. 당신은 끝이 아니라 시작이다. 사람들이 당신에게 무엇을 원하는가?
- 타인의 입장에서 생각해보면 그들의 필요를 보다 잘 이해할 수 있다.
- 당신은 집단의 일원으로서 어떤 역할을 가장 잘 수행하는가?
- 최고와 '그저 잘하는 사람'의 차이는 작은 것에서부터 나온다. 조금만 더 노력을 기울여라.
- 진정한 내가 되어라.

생각하지 않고
생각하기

"일의 방식을 추측하는 습관을 버려야 해요. 어떤 새로운 방식에 대한
전례가 없다고 망설이지 말아요. 그거야말로 새로운 방식에 도전해야
할 좋은 이유가 되는 거니까요!"

_애덤

아이디어 떠올리기

시간은 항상 부족하다. 마감이 다가오고 받은 편지함에는 아직 읽지 않은 이메일이 넘쳐나고 할 일 목록은 몇 페이지나 된다. 시간이 조금이라도 '생기면' 친구나 가족, 취미에도 쏟아야 한다. 이렇게 너무나 큰 압박감 속에서 살아가다 보니 차분하게 제대로 생각할 시간이 있었더라면 분명히 알아차렸을 가능성을 전부 놓치면서 살아간다.

이번에 소개할 행운의 조건은 새로운 아이디어나 문제 해결책을 떠올리거나 기회를 포착하는 방법을 상세히 알려주지는 않는다. 행운을 끌어들이기 위해 꼭 해야만 하는 일들을 할 수 있는 상태로 만들라는 것이다. 그러려면 마음을 열고 새로운 관점으로 생각해볼 필요가 있다. 다음의 4단계가 도움이 될 것이다.

제1단계 새롭게 정의하고 표현하기

사람들은 문제를 표현할 때 문제에 벽을 쌓는 식으로 하는 경우가 많다. 예를 들어 당신이 자동차로 출근하는데 출근길에서 언제나 스트레스를 받는다고 해보자. 직장에 도착하면 이미 지쳐서 일할 기분이 나지 않을 것이다. 당신도 문제가 있음을 인식하지만 문제를 이렇게 정의할 것이다. '출근길에서 받는 스트레스를 줄일 필요가 있어. 하지만 출근 시간에는 교통체증이 너무 심해.'

여기서 '하지만'이라는 말은 아이디어를 죽이는 역할을 한다. '하지만' 이하의 내용은 비록 사실이더라도 아이디어를 떠올리지 못하게 만든다. 그 말 속에는 '그래서 뭘 어쩔 수 있겠어?'라는 체념의 의미가 들어 있기 때문이다. 때문에 해결책을 떠올리는 데 도움이 되는 식으로 문제를 표현할 필요가 있다. 힘든 출근길 문제는 다음의 두 가지로 새롭게 표현할 수 있다.

- '아침 출근길에 스트레스가 너무 심해. 스트레스를 덜 받을 만한 출근 방법을 찾아야 해.'
- '아침 출근길에 스트레스가 너무 심해. 다른 출근 방법을 찾아야 해. 다른 방법으로는 뭐가 있을까?'

첫 번째의 경우 이런 답을 떠올릴 수 있다. 라디오를 끄고 마음이 편안해지는 음악을 틀어놓던가 아침에 좀 더 일찍 나가든가 볼거리가 많은 새로운 길로 바꾸거나 하는 것이다. 두 번째의 경우에는 지하철이나 자전거, 카풀을 고려하거나 두 가지 이상의 이동 수단을 활용하거나 볼거리가 있는 길로 새롭게 바꾸거나 집에서 일하는 시간을 늘리는 등의 선택권이 있을 수 있다.

다시 말해서 단지 문제를 나열하지 말고 질문과 긍정적인 의도가 담긴 말로 바꿔서 표현해야 한다.

제2단계 압박감을 줄이기

끊임없이 뭔가를 해야 하는 바쁜 상태에서는 마음속에 가짜 마감 기한을 만들어놓는 경우가 많다. 하지만 이것은 결국 아무것도 하지 않으면서 압박감만 더한다. 그런 상태에서는 뇌가 제대로 작동하지 못한다. 또 이런 마감

기한은 즉각적인 답을 요구한다. 그렇게 강압적으로 사고해야 할 때 뇌는 이미 과거에 행해진 적 있는 뻔한 대답만 내놓는다.

일단 멈춰라. 마감 기한의 중요성에 대해 생각해보고 특히 자신이 정한 마감 기한이라면 연기할 수 있는지 생각해본다. 사람들은 꼭 즉각적인 행동이 필요하지 않은 데도 그렇다고 착각한다. 대개는 며칠의 시간 여유가 있을 것이다몇 주라면 더 좋겠지만. 뇌가 최대한의 능력을 발휘해 천천히 생각할 시간을 주는 사람일수록 통찰력이 뛰어난 법이다.

심리학자 가이 클랙스턴Guy Claxton은 제3단계와 합쳐진, 충분한 시간을 두고 이루어지는 사고를 가리켜 '느린 방식의 앎'이라고 말한다.

제3단계 마음속에 불빛 조절 장치를 작동시키기

압박감을 줄인 다음에는 뇌에 생각할 시간을 주어야 한다. 마음속에 '불빛 조절 장치'를 작동시키고 잠시 동안 문제나 기회에 대한 생각은 접어라. 그것들로부터 잠시 떠나 있어라. 마음속에 불빛 조절 장치를 작동시키라는 말은 뇌를 아예 꺼버리라는 말이 아니라 생각에 은은한 불빛을 비추라는 뜻이다. 뇌는 의도적으로 생각할 때 실제적인 생각을 떠올린다. 그것이 가장 접근하기 쉬운 생각인 탓이다. 하지만 뇌는 그 밖에도 여러 가지 측면으로 움직일 수 있다.

불빛 조절 장치는 뇌가 다른 방식으로 생각할 수 있도록 해준다. 의식적인 생각의 불빛을 낮추면 좀 더 깊은 생각으로 진입할 수 있다. 당신이 의식적으로 생각하고 있지 않을 때도 뇌는 계속 움직인다. 목욕이나 샤워를 할 때나 운전을 할 때나 자전거를 탈 때는 좋은 아이디어가 떠오르지만, 해결책을 '열심히' 생각할 때는 오히려 잘 떠오르지 않는다. 유연하게 생각할 필요가 있다.

제4단계 포착해서 발전시키기

당신은 당신의 아이디어를 얼마나 진지하게 받아들이는가? 의외의 순간에 갑자기 떠오르는 생각을 포착해야 한다. 그 이유는 무엇일까?

- 그렇지 않으면 금세 사라질 가능성이 크기 때문이다. 새벽 3시에 떠오른 기막히게 좋은 생각은 아침 8시에는 제대로 기억나지 않는 법이다.
- 처음에 떠오른 생각과 아이디어가 끝이 아니다. 시작일 뿐이다. 당신과 다른 사람들이 거기에 생각을 덧붙이거나 바꿔서 더 낫게 만드는 것이다.

내 친구 한 명은 샤워 중에 떠오르는 좋은 아이디어를 곧바로 적어놓기 위해서 샤워실에 화이트보드를 설치해놓았다.

❀ *Summary!*
- 느긋하게 생각할 시간을 가진다.
- 압박감을 떨쳐내어 가장 좋은 생각을 떠올릴 시간을 가진다.
- 떠오른 생각과 아이디어는 그냥 내버려두면 잊어버리기 마련이다.
- 문제에 대해 생각하고 표현하는 방식을 바꾼다.
- 새로운 것을 배척하는 습관을 버린다.
- 새로운 사고방식을 즐긴다.

새로움
유지하기

"저는 자신에게 촉매 역할을 해주는 게 뭔지 잘 알아요. 두 해 전에 채널 4의 동료 몇 명과 코벤트 가든에 있는 패션 디자이너 폴 스미스의 사무실을 방문한 적이 있어요. 저희는 그의 사무실 곳곳에 놓인 물건들을 보고 깜짝 놀랐죠. 내 집안 곳곳에도 상상력을 자극하는 물건들이 놓여 있다는 사실이 생각나더군요. 촬영에 사용된 소도구들이나 여행지에서 사온 기념품 같은 것들 말이에요. 그제서야 저도 평소에 예술을 꽤 많이 활용하고 있다는 사실을 알게 됐어요. 가끔은 평일 낮이라도 영화를 보러 극장에 가거나 미술관을 찾거든요. 영감을 얻고 창의성을 충전할 필요가 있으니까요."

_애덤

평일 근무 시간에 미술관에 갈 수 있다니 운 좋은 사람이라고 생각할지도 모른다. 하지만 여기서 핵심은 언제 어디서 어떻게 에너지를 충전할 수 있는지 분명히 알아야 한다는 것이다. 힘든 현실에서 잠시 벗어나 영감을 얻을 수 있는 방법 말이다. 물론 일을 너무 사랑한 나머지 짧은 '일탈'의 필요성조차 느끼지 못하는 사람도 있겠지만 대부분의 사람들에게는 충전의 시간이 필요하다.

유익한 충고를 하나 하겠다. 목표 달성 자체가 목적이 되어서는 안 된다. 의미가 들어 있지 않은 목표는 '기운'을 빠지게 한다. 이를테면 '내가 무엇 때문에 이러고 있는 거지?'라는 의문이 솟아난다. 전혀 예기치 못한 순간에 그런 의문이 찾아올 수 있다. 2008년 올림픽 사이클 금메달리스트 빅토리아 펜들턴Victoria Pendleton은 금메달을 딴 후 맥이 빠져서 경쟁의 '의미'를 되찾기가 힘들었다고 고백했다. 아무리 사랑하는 일이라도 의미를 잃어버릴 수 있다. 그때야말로 휴식이 필요한 시간이다.

첫 번째 경험

제1장에서 무언가를 처음으로 해본 적이 마지막으로 언제였는지 물었다. 이 질문에 대해 얼마나 오래 생각했는가? 이 질문을 그냥 지나쳤다면 지금 한번 생각해보기 바란다. 지난 한 해 동안 당신이 느낀 새로운 자극에 대해 생각해

볼 수 있는 질문이므로 좋은 출발점이 된다.

지금 어떤 일에 완전히 몰입하고 있다 해도 언젠가는 새로운 활동이나 생각이 주는 자극이 없어서 최선을 다하지 않게 되는 순간이 찾아올 것이다.

일상에 충실하다 보면 어느새 마치 좀비처럼 둔감한 상태가 되어버린다. 즐거운 여가 활동이 뒤로 밀려나거나 완전히 잊힌다. 극장이나 축구 경기장에 가는 것을 좋아하지만 일 년에 한 번도 가지 못하고 지나가 버리기도 한다. 그리고 사람들 대부분이 그렇듯 일주일 내내 같은 메뉴로 저녁 식사를 한다. 이제는 다시 생각해볼 때다.

새로운 것에 감사할 수 있는 좋은 방법은 오감을 움직이는 것이다. 다음 훈련을 통해 의도적으로 오감을 자극한 때가 마지막으로 언제였는지 알아보고, 앞으로 그렇게 할 수 있는 기회를 찾아보자.

오감

감각	마지막으로 언제?	앞으로 언제?
미각	----------------------------	----------------------------
촉각	----------------------------	----------------------------
시각	----------------------------	----------------------------
후각	----------------------------	----------------------------
청각	----------------------------	----------------------------

'앞으로' 다시 감각을 자극할 수 있는 방법은 다음과 같다. 몇 가지는 지극히 개인적

인 것임을 양해 바란다.

- **미각.** 좋은 와인, 풍미 넘치는 음식직접 요리하면 '촉각'도 자극할 수 있다.
- **촉각.** 흙, 피부실크와 함께!, 음식, 나무, 식물, 당신의 파트너, 물, 동물의 털.
- **시각.** 시내에서 가장 높은 곳, 새로운 장소, 미술, 축구 경기, 밤하늘.
- **후각.** 시골, 비 온 뒤의 숲, 신선한 커피, 바다.
- **청각.** 음악, 침묵, 주변의 소리, 스포츠 관중, 도서관, 아침 새들의 지저귐.

몇 가지 아이디어

일상에서 새로움을 되찾을 수 있는 방법을 몇 가지 소개한다.

- **동네에서 휴가를 즐겨라.** 많은 사람이 미처 해보지 못한 생각이다. 나는 몇 년 전 런던에서 살 때 다른 곳으로 휴가를 떠나는 대신 런던에서 보내면서 이 방법의 위력을 깨달을 수 있었다. 관광객이 된 기분으로 평소 무심코 지나쳤던 주변을 돌아다녀본다. 거기에는 매우 놀라운 효과가 있다. 휴가는 무조건 멀리 가야 한다는 고정관념을 바꾸는 순간, 주변이 매우 흥미로워 보이기 시작한다. 물론 그렇다고 다른 곳으로 휴가를 떠나지 말라는 뜻은 아니다. 주변 환경에 대해 긍정적으로 생각하고 눈앞에 있는 것에 감사할 필요가 있음을 알라는 뜻이다.
- **당신의 촉매제를 알아라.** 자신만의 에너지 충전법을 알아야 한다. 영화, 스포츠, 침묵, 코미디, 맛있는 음식 등 누구나 자신만의 방법이 있다. 제자

리에 꼼짝하지 않고 있으면 에너지 충전에 대해 잊어버릴 수 있다. 집안에만 틀어박혀 있으면 '할 수 있다'는 에너지가 충전되지 않으며 '할 수 없다'는 마음 상태가 된다.

- **호기심.** 미지로의 여행은 유익할 수 있다. 이미 흥미를 느끼는 것만 계속 추구하다 보면 새로운 관심사를 찾을 수 없다. 특히 나이가 들수록 새로운 것을 추구하지 않게 되는데 그러면 가능성이 제한될 수밖에 없다. 트리니다드 출신의 마르크스주의자이자 작가이며 크리켓을 사랑하는 C. L. R 제임스C. L. R James는 "크리켓밖에 모르는 사람들이 크리켓에 대해 무얼 알겠는가?"라고 말했다. 마음을 여행시켜야 할 필요가 있다. 즉 마음을 새로운 곳으로 데려 가라는 뜻이다. 20~30가지로 된 할 일 목록을 만들어보자. 예를 들어 전혀 모르는 분야의 책을 읽는다거나, 구글에 아무 단어나 넣어 검색해보거나, 새로운 스포츠 경기를 관전하러 가거나, 단편 이야기를 써본다거나, 노래를 한다거나, 극기 훈련을 해보자. 마음이 가는 대로 자유롭게 생각해서 목록을 만들자. 다 만든 다음에는 '어떻게 하면 이 중에서 몇 가지를 실천해볼 수 있을까?'를 생각해본다.

❀ *Summary!*

- 주변에 관심을 기울인다.
- 정기적으로 오감을 자극한다.
- 한 번도 해보지 않은 일을 종종 시도해보라.
- 마음이 편안해지고 즐거움을 느낄 수 있는 것들, 즉 당신의 에너지 충전제가 무엇인지 알아라.
- 매일 단 몇 분이라도 자신을 위한 일을 한 가지씩 한다.

제5장

목적

"저는 제가 하고 싶은 일보다 하고 싶지 않은 일을 더 정확히 알고 있어요. 저는 늘 18개월 기준으로 앞을 내다봅니다. 앞으로 18개월 동안의 인생이 재미없어 보인다면 다른 일을 하고 싶어서 안달이 납니다. 저한테는 다른 사람들처럼 엄청난 비전이나 커리어 계획이 없어요. 현재 하고 있는 일에 흥미를 가지자는 게 저의 인생 계획입니다."

_애덤

이 장에서 살펴볼 행운의 조건

행운의 조건 13 인생을 정의하는 목표 세우기

행운의 조건 14 기간 정하기

행운의 조건 15 현재를 즐기기

이 장의 목적은 목표를 살펴보는 데 있다. 목표에는 일반적인 공식이 없다. 누군가는 인생 전반에 걸친 성공 전략을 세워놓은 채 명확하고도 빽빽한 목표를 정해놓고 단계적으로 실천해나가는 것을 좋아한다. 그런가 하면 위에서 소개한 애덤처럼 자세하게 목표를 정해놓지 않고 그저 나아갈 방향을 아는 쪽을 선호하는 사람들도 있다. 즉 자신에게 자극과 동기를 부여하는 것들을 아는 것이다. 그런가 하면 그 순간순간을 충실히 함으로써 행복을 느끼는 사람들도 있다.

무엇이 최선일까? 사실 모두 다 좋은 방식이므로 당신에게 맞는 방법을 선택하는 것이 답이다. 자신과 연관성도 느끼지 못하는 인생 목표나 목표 달성 방식을 억지로 추구할 수는 없다. 결국은 아무런 의미도 없어지기 때문이다. 분명한 목표를 선호하는 사람은 즉흥적인 방식을 추구하며 살아가기가 힘들다. 대부분의 사람들에게는 삶의 목적이 있어야 한다. 이 장에서는 다음의 두 가지 측면에서 삶의 목적에 대해 살펴보자.

- 평생의 목표 세우기

- 기간 정하기

　하지만 인생이 정해진 단기 목표와 장기 목표의 연속이라고 생각하면 몹시 지루해진다. 따라서 순간을 살아가는 세 번째 방식도 소개한다. 당신은 이 세 가지 요소 중 한 가지만 추구할 수도 있고 당연히 그래도 된다. 이렇게 볼 때 이 장에서 소개하는 행운의 조건 세 가지는 나머지 행운의 조건들과는 다르다. 하지만 이 세 가지는 서로 맞물려 있으며 두 가지 이상이 필요하다. 인터뷰 참가자 미셸의 말에서도 나타난다.

　　　"예전에는 '인생 계획'을 세워놓았어요. 지금보다 젊었을 적에는 중국에 가보는 게 목표였고 결국 이루었죠. 중국에서 2년 동안 일했어요. 지금은 '순간을 살자'는 주의에 가까워졌어요. 5년 후에는 과연 뭘 하고 있을지 모르겠지만 제가 뭘 좋아하는지는 대략적으로 알고 있어요. 새로운 도전이 제 인생의 활력소예요."

　　　　　　　　　　　　　　　　　　　　　　　　　　　　_미셸

　미리 대비하는 자세로 살다가 이따금 즉흥적으로 '순간을 사는' 것은 바람직하다. 그 즉흥성에서 흥미가 생기고…… 그 흥미가 단지 지나가는 단계 이상의 것으로 발전하고…… 또 그것이 평생의 관심사가 될 수도 있고…… 그렇게 평생의 목표가 생긴다행운의 조건 13 참고. 어떤 것에 관심이 생기고 좀 더 잘하고 싶어지거나 관심이 커지면서 한 단계 멀리 밀어붙이게 된다.

　일이든 스포츠든 취미 활동이든 성취의 영역에서 "그 일을 하고 있다니 당신은 운이 좋군요"라고 말하는 경우가 많다. 그 말을 듣는 사람은 열이면 열, 그 일을 위해 열심히 노력했으며 처음부터 기회를 잡았거나 상상력을 발휘해 목표를 세워 추진했다. 어쩌다 '운이 좋아서'가 아니라 행운을 부르는 습관 덕분에 가능했다.

인생을 정의하는
목표 세우기

'인생 목표'를 가진 사람들은 환상을 현실로 옮기지 못하는 경우가 많다. 대부분은 이런저런 상황 때문에 꿈을 위해 노력할 시간이 없다고 핑계를 댄다. 꿈은 정말로 근사하지만 피나는 노력은 별로 근사하지 못하다. 노력 여부는 당신이 얼마나 간절히 원하는지에 달려 있다. 열심히 노력하지 않고 타협하거나 좀 더 쉬운 일을 찾는다면 그만큼 간절히 원하지 않았다는 증거다.

성공을 위해서는 가슴동기를 제공하는 역할과 머리인생 목표를 행동 계획으로 바꿔줄 생각을 떠올리게 하는 역할가 조화를 이루어야 한다. 도중에 걸림돌이 생겨서 그것을 얼마나 '원하는지' 시험에 들 수도 있다. 이번 행운의 조건은 인생 목표의 감정적인 측면, 즉 가슴에 관한 것이다. 중간 중간 이정표를 세운다든지 인생 목표를 달성하는 방법에 관해서는 다음 행운의 조건 '기간 정하기'에서 살펴본다. 여기서는 첫 번째 행운의 조건에서 소개한 보잉 747기의 조종사 버니스 모란의 경험을 바탕으로 살펴보자.

사례 연구 — 조종사 버니스 모란

머리말에서 버니스 모란의 프로필을 소개했다. 그녀는 27세에 유럽 최연소로 민간항공사라이언에어의 여 기장이 되었고, 이후 버진 애틀랜틱에 입사해 보잉 747기를 조종하게 되었다. 6~7세부터 조종사가 꿈이었던 그녀는 꿈을 이루기 위해서 무엇이 중요한지 보여주는 중요한 사례다. 버니스가 아홉 살 때 어머니가 세상을 떠나고 아버지는 홀로 세 자녀를 키워야 했으므로 조종사가 되겠다는 그녀의 꿈을 뒷받침해주는 것은 어려웠다. 하지만 그녀가 열 살 때 비행기 조종석에 들어가 잠깐 동안 조종 장치를 만져볼 기회가 있었는데 그때 그녀는 '뱃속에서 뜨거운 불꽃이 일어나는 것을 느꼈다'고 말한다다음 제1단계 꿈을 실험하기' 참고.

고등학교를 졸업하고 더블린 대학에 입학할 때까지도 그 불꽃은 여전히 버니스의 가슴에 자리했다. 그녀는 대학교에서 즐거운 시간을 보냈다. 그렇다고 대학생들이 즐겨 찾는 술집에서 허송세월을 보낸 것은 아니었다. 그녀는 더블린에 있는 백화점 속옷 매장에서 아르바이트를 하며 조종사 훈련을 받기 위해 필요한 돈을 모았다. 대학 졸업식 날, 딸의 꿈이 진심임을 깨달은 아버지는 금전적인 도움을 주기로 했다다음 제2단계 '노력과 끌어당김' 참고.

조종사 자격증을 받은 버니스는 라이언에어에서 보잉 737기로 훈련을 받았으며 직접 조정도 했다. 도중에 시련도 많았지만 아홉 살에 엄마를 잃은 그녀에게 힘들 것은 없었다. 어느새 몸도 마음도 강해져 있었다.

"여자 조종사라는 사실이 저한테는 가장 큰 시련 중 하나예요. 항공사의 여자 조종사는 전체 1%밖에 안 되거든요. 제가 조종실 밖으로 나가면 승객들은 제가 스튜어디스인 줄 알고 외투나 짐을 맡기거나 콜라를 주문하죠. 그럴 때는 겸손해져야만 해요. '건방지게' 굴어서는 안 되니까요. 그래서 승객들의 외투를 받아주거나 콜라를 가져다줍니다. 사실 그런 일은 별로 큰 문제가 아니에요. 가장 큰 문제는 아직도 여자가 조종석 근처에도 가면 안 된다고 생각하는 사람들이 있다는 거죠. 그래서 보통 실력만 가지고도 충분할 때도 전 항상 그보다 더 잘해야만 하죠다음 제3단계 '강해지기' 참고."

"라이언에어에서 일할 때 버진 애틀랜틱으로 이직하고 싶은 마음이 강렬했어요. 유쾌하고 재미있는 버진 애틀랜틱의 이미지가 제 성격과 딱 맞았거든요. 저에게 완벽하게 어울리는 직장이라고 생각했죠. 그러나 여러 번 버진 애틀랜틱의 문을 두드렸지만 그때마다 고배를 마셨어요. 한번은 틀림없이 합격이라고 생각했는데 떨어져서 몹시 좌절했죠. 하지만 전 끝까지 포기하지 않았고 마침내 합격했어요. 제가 정말로 원한 회사에 들어가서 747기를 조종하게 된 거죠. 오랜 목표가 이루어졌어요다음 제4단계 '하나의 목표가 새로운 목표로 이어진다' 참고."

자, 이제부터 각각의 핵심을 살펴보기로 하자.

제1단계 **꿈을 실험하기**

원대한 목표가 있다면 직접 그것을 향해 뛰어들어 당신이 그것을 얼마나 간절하게 원하는지 실험해봐야 한다. 정말로 불꽃이 활활 타오른다면 힘든 일과 시련도 견뎌낼 수 있는 강한 의지가 생긴다. 목표를 이루는 과정에서 계속 시련이 따르긴 하지만버니스의 경우에서 보았듯 처음에 그 목표를 얼마나 간절히 원하는지 실험할 필요가 있다.

이론과 실제는 다르다. 꿈을 현실로 옮길 때도 마찬가지다. 예를 들어 수의사가 되고 싶은 15세 여학생이라면 휴일마다 근처 동물병원에서 아르바이트를 하는 것도 좋다. 새해를 맞이해 누구나 원대한 신년 계획을 세우지만 한 달도 되지 않아 시들해지고, 값비싼 헬스클럽에 등록해도 그 등록증은 머지않아 무용지물이 된다내가 다니는 수영장은 매년 1월만 되면 점심시간에 사람들이 바글바글하지만 한 달 후에는 수영하러 오는 사람들이 절반으로 줄어든다. 이론적으로 아무리 근사해도 현실에서는 이야기가 달라진다. 이것은 모두 행운의 조건 1에서 살펴본 연관성과 관련이 있다.

제2단계 **노력과 끌어당김**

당신이 무언가에 진지하게 임하는 모습을 보면 주변 사람들도 진지하게 받아들이기 시작한다. 어느새 당신은 자신에게 도움이 될 수 있는 사람들을 끌어당기게 된다. 주변 사람들이 당신의 꿈을 알아차리지 못한다면 당신이 꿈에 대한 진지한 모습을 보여준 적이 없기 때문이다. 진지함은 꿈을 이루기 위한 헌신과 노력, 희생으로 표현된다. 성공한 사람들의 자서전을 읽어보면 많은 희생을 치른 덕분에 성공할 수 있었음을 알 수 있다. 세상에 지름길은 많지 않다. 그렇기 때문에 꿈을 향한 열정은 항상 시험에 놓이게 된다.

제3단계 강해지기

이것은 관점에 관한 소중한 교훈이다. 버니스는 어린 나이부터 최악의 도전과 시련을 마주했다. 그래서 사소한 시련여자라는 이유만으로 사람들이 기장이 아니라 스튜어디스로 착각하는 것쯤은 가볍게 웃어넘길 수 있게 되었다.

하지만 지나치게 예민한 성격에 버니스처럼 많은 시련을 경험하지 못한 사람이라면 어떻게 강해질 수 있을까? 우선 어느 정도의 예민함은 바람직하다. 전혀 예민하지 않으면 목표와 관련된 문제나 기회를 알아보지 못하며, 성공을 위해 꼭 필요한 타인에 대한 감정이입도 불가능하기 때문이다. 하지만 예민함이 지나치면 결국은 자신을 설득해 힘든 일을 행동으로 옮기지 못하게 만든다.

다음은 강해지는 데 도움이 되는 방법이다.

- **당신은 세상의 중심이 아니다.** 사람마다 자기만의 세상이 있다. 무엇이든 자신을 중심으로 생각하지 말고 '나에게는 중요한 일이지만 다른 사람에게는 아닐 수도 있어. 어떻게 하면 그들이 소외감을 느끼지 않고 내 필요에 관심을 가질 수 있도록 할 수 있을까?'라고 생각해봐야 한다. 당신이 타인의 필요에 관심을 가질수록 그들도 당신의 필요에 관심을 기울인다.
- **인내와 자기통제를 연습한다.** 세상에 쉬운 일이란 없다. 논리적인 생각보다 감정에 치우친 충동적 행동이 앞서는 이유는 뇌의 편도체가 감정에 불을 댕기기 때문이다. 감정에 치우친 행동은 '싸우느냐, 피하느냐'의 반응이 필요할 때는 유용하지만 신중하게 결정해야 하는 일에는 그렇지 못하다. 어떤 사람들은 경험을 통해 감정적인 반응을 무시하는 법을 배우지만 그렇지 못하는 사람들도 있다. 특히 일이 잘 풀리지 않을 때일수록 작은 위

기나 충동적인 반응이 나타나기 쉽다. 좀 더 신중할수록 보다 실용적이고 바람직한 결과를 가져다준다. 그러기 위해서는 인내가 필요하다.

- **과도한 분석은 금물이다.** 분석은 바람직하지만 지나치면 좋지 않다. 과도한 분석을 멈추고 목표에 집중하라. 그리고 목표에 집중하게 해주는 분석인지, 정말로 관련이 있는지 생각해보라.

- **보호막 역할을 해주는 생각을 한다.** 이것은 일이 계획대로 되지 않을 때 도움이 된다. 마음의 상처를 받지 않도록 보호해줄 수 있는 생각을 떠올리라는 뜻이다. 두 가지 예시를 들어보겠다.

  - '이건 흔히 있는 일이야. 모든 일이 잘 될 수는 없어. 진정하고 뭐가 잘 못되었는지 차근차근 살펴보고 새로운 방법을 찾는 게 중요해.'
  - '이 시련에 좌절하지 않겠어. 뭐가 잘못되었는지 알고 다시는 똑같은 일이 생기지 않도록 해야 해. 그러니까 상황 판단을 정확히 해야 해. 이 것보다 훨씬 힘든 상황에 처한 사람들도 있어. 충분히 극복할 수 있어.'

제4단계 하나의 목표가 새로운 목표로 이어진다

한 가지 목표를 굳게 지키는 것도 중요하지만 다른 길이 있는지 항상 눈과 마음을 활짝 열어두어야 한다. 버니스의 경우, 조종사라는 오랜 꿈을 이룬 다음에도 새로운 목표가 활짝 열렸다(라이언에어의 기장이 되었지만 버진 애틀랜틱에서 보잉 747 기를 조종하게 됨). 마지막 장 '기회' 편에서는 하나의 기회가 새로운 기회들을 가져다 주는 이유에 대해 살펴본다. 기회라는 문은 한 번 열리면 좀처럼 닫히지 않는 법이다.

다른 사람들은 커다란 목표에 어떻게 도전하는가?

놀랍게도 사람들은 자신의 꿈에는 벽을 쌓으면서'지금은 ~때문에 도전할 수 없어' 친구
나 동료들에게는 전혀 다른 사고방식을 적용한다'도전해봐! 넌 할 수 있어!'. SNS를
사용하는 사람이라면 친구들끼리 격려해주는 모습을 자주 보았을 것이다
때로는 진심이 담기지 않은 격려도 있겠지만. 이처럼 사람들은 타인을 열심히 격려해주면
서도 자신의 목표에는 도전하지 말아야 할 이유를 먼저 찾는다. 인생의 목
표와 변화를 이루기 위해서는 신중한 계획과 사고방식이 필요하다. 하지만
그보다 '할 수 있다'는 긍정적인 태도가 먼저다.

목표 세우기

할리우드의 거물 투자자들은 시나리오 작가와 제작자들에게 새 영화에 대
한 아이디어를 25자로 요약해달라고 한다. 그 짧은 요약 내용을 바탕으로
투자를 결정하는 것이다. '우주에서 찍은 죠스'라는 말로 요약된 영화 〈에
이리언〉이 가장 좋은 예다.

   인생 목표를 세울 때도 그 원리를 활용하면 명확한 목표를 세우고 추구할
수 있다. 목표는 명확해야 한다. 분명하지 않은 목표라면 달성 의지도 모호
해진다. 다음의 몇 가지 보기에서 살펴보자.

  • 나는 2010년 1월까지 보잉기 737기를 조종하는 민간항공기의 기장이 될
    것이다.

- 나는 2018년 7월까지 스페인어 A급 시험에 합격해서 스페인어로 유창하게 대화할 수 있는 실력을 기르겠다.
- 나는 2018년 7월까지 임용고시에 합격해서 정식 교사 자격증을 따겠다.

목표 달성 기간은 현실적으로 정해야 한다. 그런 다음 할리우드식 요약으로 목표 달성에 필요한 이정표를 정한다. 이정표는 커다란 목표의 실행 가능성을 시험해줄 것이다. 목표 달성 기간은 언제든 수정해도 된다. 행운의 조건 14를 통해 몇 가지 검증된 사례를 들어 이정표를 세우는 과정들을 살펴보기로 하자.

✤ Summary!

- 목표와 달성 기간을 분명하게 정한다.
- 동기를 부여하는 목표여야만 한다.
- 당신이 목표를 꼭 달성하겠다는 진지함을 보인다면 주변 사람들도 진지하게 받아들일 것이다.
- 노력 없이는 목표를 달성할 수 없다.
- 시련에 대처하기 위한 전략을 세워놓는다.

기간 정하기

'인생 목표'는 너무 커서 한눈에 보이지 않지만 기간을 정해놓으면 잘 보인다. 인생 목표를 달성하려면 우선 작게 여러 개로 나눈다. 이 방식이 마음에 들지 않는다면 여러 개의 '단기 목표'를 세워서 추구한다.

단기 목표는 기회를 찾고 최대화하는 데 사용될 수 있다. 예를 들어 다시 공부를 시작해 교사가 되고 싶다고 해보자. 앞에서 설명한 행운의 조건에 따라 '나는 2018년 7월까지 임용고시에 합격해서 정식 교사 자격증을 따겠다'고 목표를 정한다. 그런 다음 그 목표를 달성하기 위한 단계를 정한다.

당신의 목표는 문제에 대한 반응으로 세워진 것일 수도 있다. 현재의 직업에 불만족하거나 적성에 맞지 않아 교사 자격증을 따겠다는 목표를 세웠을지도 모른다. 그럴 경우 불만족이나 불행이라는 부정적인 요소가 긍정적인 행동 목표로 변화되어 더욱 커다란 동기로 작용할 수 있다. 당신은 교사 자격증을 따겠다는 목표에 커다란 연관성을 느끼게 되는 것이다. 따라서 반드시 이 목표를 달성하겠다는 의지도 강해진다.

이 장의 시작 부분에서 소개한 애덤의 말에서도 알 수 있듯이 단기 목표에는 감각적인 측면도 따른다.

"저는 제가 하고 싶은 일보다 하고 싶지 않은 일을 더 정확히 알고 있어요. 18개월 기준으로 앞을 내다봅니다. 앞으로 18개월 동안의 인생이 재미없어 보인다면 다른 일을 하고 싶어서 안달이 납니다."

'단기 목표'를 세우라는 이번 행운의 조건은 애덤의 말에서 아이디어를 얻은 것이다. 목표가 고정되어 있으라는 법은 없다. 애덤의 경우에는 18개월이라는 기간 동안 흥미롭게 느껴지는 일이라야 한다. 그는 그 기간 동안 흥미를 느끼지 못하면 즉각 해결책을 찾는다. 그리고 미셸은 앞에서 소개한 그녀의 말에서 알 수 있듯이 순간을 사는 것이 중요하다고 생각하지만 변화의 필요성 또한 생각하려고 한다.

"5년 후에는 과연 뭘 하고 있을지 모르겠지만 제가 뭘 좋아하는지는 대략적으로 알고 있죠. 새로운 도전이 제 인생의 활력소예요."

완벽한 목표

> "예전에는 완벽함을 추구했습니다. 하지만 지금은 세상에 완벽한 청사진이란 없다는 지혜를 얻었어요. 각자 자신에게 맞는 방식을 추구하는 게 바람직하죠."
>
> _그레그

그레그의 말을 소개하는 이유는 두 가지 측면에서 목표 설정과 관련이 있기 때문이다. 첫째, 스스로 목표를 세울 때는 물론이고 직장에서 강제로 목표가 주어질 때 좌절감을 느낄 수 있다. 특히 직장의 업무 평가에서 그렇다. 둘째, 그레그의 말은 개인적으로 연관성이 느껴지는 목표를 정해야 한다는 점을 재차 강조한다.

전문가들은 목표를 구체적으로 세우라고 강조한다. 스포츠의 경우라면 우승이나 특정한 기록 달성, 몇 강까지 올라가기 등으로 구체적인 목표를 세울 수 있다. 그러나 그레그의 말에 담긴 의미는 최종 목표가 우승인 스포츠의 세계에서조차 목표의 달성 수단이 다양하다는 것이다. 원대한 최종 목표를 정한 다음 구체적인 '기간'으로 나눔으로써 여러 도전을 거쳐 최종 목표에 도달할 수 있다.

구체적인 기간

> "저 자신의 사기를 올릴 필요가 있었어요. 그러던 중《멜로디 메이커

Melody Maker》지에서 즉흥 연주파트너를 찾는다는 광고를 봤어요. 그렇게 팀 크로우더Tim Crowther를 만나게 됐죠. 팀을 보고 제가 뭘 해야 하는지 확실히 알 수 있었어요. 팀은 제게 실력은 좋지만 음계와 화음의 '원리' 같은 즉흥 연주의 기본을 배울 필요가 있다고 조언해줬어요. 그래서 전 음악 활동만으로 밥벌이를 할 수 있는 수준이 될 수 있도록 1년 동안 실력을 키우기로 결심했죠. 그때는 낮에 다른 일을 하면서 음악 활동을 했기 때문에 심신이 많이 지친 상태였어요. 그게 변화의 동기가 되었죠. 연습 계획을 명확하게 세우고 1년 동안 엄수했어요. 그렇게 1년이 지나갈 무렵에는 직장을 그만두고 음악 활동에만 전념할 수 있게 되었어요. 스튜디오 녹음 작업에도 참여했고 여러 밴드와 정기적으로 공연 무대에도 설 수 있게 되었죠."

_모

모는 자신이 원하는 수준까지 실력을 끌어올리기 위해 엄격한 연습 계획을 세워야 했다. 여기서 첫 번째 단계는 마음속으로 예행연습을 하는 것이다. '이것을 목표로 한다면 다음 단계는 뭐가 될까?'라고 자문해본다. 전문가의 조언을 구하는 것도 좋다. 이렇게 중간 단계를 떠올린 다음 차례로 정리한다. 이 행운의 조건은 외국어 배우기와 프레젠테이션, 두 가지를 예로 들어 설명할 수 있다.

예 1 외국어 배우기

당신이 스페인어를 배운다고 해보자. 약간 막연하더라도 스페인어를 배우려는 목적이 필요하다. 목적의식은 활기를 더해준다. 다음과 같은 목적이 있을 수 있다.

- 업무상 스페인어가 필요하다.
- 정신적인 자극제가 필요하다.
- 스페인 문화에 관심이 많다.
- 외국어를 하나도 모른다는 사실이 부끄러워서 스페인어부터 시작해보려고 한다.
- 일가친척 중에 스페인 출신이 있는데 스페인어를 배워서 대화를 나누고 싶다.
- 새로운 자격증을 따고 싶다.

한두 가지 이상의 목적이 섞일 수도 있다. 다음과 같이 기한을 두고 목표를 정해야 한다.

'나는 2018년 7월까지 스페인어 A급 시험에 합격해서 스페인어로 유창하게 대화할 수 있는 실력을 기르겠다.'

이제 목표 달성에 필요한 일련의 기간을 정해서 살펴보자.

- **첫 번째 해** 2013~2014

    행동 – 인근 대학에서 야간 수업을 듣는다.

    달성 – "당신의 이름은 무엇입니까?" 같은 기본 문장을 배운다. 단어 500개를 익힌다^{1주일에 10개씩}. 주요 동사의 현재 시제를 안다.

- **두 번째 해** 2014~2015

  행동 – 야간 수업을 계속 듣는다. 2주일 동안 스페인을 방문해서 현지인들
  과 스페인어로만 이야기한다.

  달성 – 어휘 500개를 더 익힌다. 주요 동사의 과거와 미래 시제를 배운다.

- **세 번째 해** 2015~2016

  행동 – 야간 수업을 계속 듣고 한 달에 한 번 개인 과외를 하면서 말하기 연
  습을 한다. 스페인에 두 차례 방문한다.

  달성 – 완전히 이해하지는 못해도 사전을 찾아가면서 스페인어 책을 한 권 읽는다.
  공인 스페인어 시험을 보고 최고 점수를 얻는다.

- **네 번째 해** 2016~2017

  행동 – 2주에 한 번 개인 교습을 받는다. 일주일에 10시간 공부한다. 스페
  인에 두 차례 방문한다.

  달성 – 최저 점수 이상으로 한 단계 더 어려운 공인 시험을 통과한다.

- **다섯 번째 해** 2017~2018

  행동 – 네 번째 해와 똑같다.

  달성 – 한 단계 더 어려운 공인 시험을 A나 B급 점수로 통과한다.

이렇게 시간에 따른 계획을 세워놓으면 어떤 행동을 해야 하고 무엇을 달
성해야 하는지 알 수 있으므로 유용하다. 현실적으로 앞의 시간 계획을 얼
마나 정확히 지킬지는 모르겠다. 중간에 얼마든지 유연성을 발휘할 수 있
다. 특히 배움이 목표일 때는 수업이나 개인 교습 등 전문가의 도움을 받아
야만 한다. 최종 목표는 물론 시간 계획표 역시 현실적이어야만 한다.

예 2 **프레젠테이션**

앞에서는 외국어를 배우겠다는 장기적인 목표를 한눈에 확인할 수 있도록 작게 세분화했다. 이번에는 이 책에서 계속 등장하는 '프레젠테이션'을 사례로 살펴보겠다. 이번 사례는 단기적인 목표다. 프레젠테이션에 자신 없는 사람이 한 달 후에 중요한 프레젠테이션을 맡게 되었다고 하자.

- **1일째**. 프레젠테이션의 주요 목표를 정하고 며칠 동안 '곰곰이' 생각해본 다다행운의 조건 11 참고.
- **7일째**. 프레젠테이션의 주제에 대한 아이디어를 모은다.
- **10일째**. 뼈대를 세운다. 넣을 것과 뺄 것을 정하면서 주제를 편집한다.
- **15일째**. 프레젠테이션 원고를 쓴다.
- **20일째**. 필요하다면 시각 자료파워포인트, 프레지, 키노트 활용를 만들고 시청각 기기를 준비한다.
- **25일째**. 소규모 집단을 상대로 연습해본다. 예상 질문을 확인한다.
- **26일째**. 소규모 집단의 피드백을 토대로 수정한다.
- **29일째**. 좀 더 연습한다.
- **30일째**. 프레젠테이션을 한다.

이후 사람들에게 피드백을 얻어 잘한 점과 개선할 점을 메모한다. '이후'는 미처 생각하지 못하고 지나칠 수 있는 과정이다. 어떻게 되었는가? 관객들로부터 받은 피드백이 있는가? 이처럼 점검을 통해 스스로 배움을 얻는 일은 목표 달성을 위해서 무척 중요하다.

자신에게 맞는 단기 목표 정하기

다음은 당신에게 맞는 단기 목표를 정하는 방법이다.

- 자신을 알아라. 자신에게 자극제가 되는 것을 알아야 한다.
- 자극제가 되어줄 다음 프로젝트가 미리 정해져 있어야 한다.
- 창의성을 발휘해서 아이디어와 기회를 만들어내고 고무적인 프로젝트로 이어지게 한다.
- 관심사나 가치관, 동기가 비슷한 사람들과 돈독한 관계를 맺는다.
- 여러 개의 단기 목표를 세운다. 한번에 여러 개의 목표를 추진할 수도 있다.

단기 목표는 기회를 포착하고 활용하는 것이 목적이다. 제7장에서 더 자세히 살펴보도록 한다.

❋ *Summary!*
- 해결책이나 목표를 구체적으로 정한다.
- 반드시 동기를 부여해주는 목표여야만 한다. 그러려면 분명한 목적의식이 필요하다.
- 시간 계획표를 세워서 진행 과정을 직접 확인한다.
- 위기 요소를 명확하게 파악한다.
- 머지않은 미래의 관심사와 자극제에 대해 생각해본다.
- 하나의 목표에만 얽매이지 않는다.

행운의 조건 15

현재를 즐기기

"목표가 있다는 것은 대개는 좋은 일이다. 무언가를 위해 노력할 수 있기 때문이다. 하지만 그러다 보면 맹목적이 될 수도 있다. 그보다 훨씬 흥미롭고 재미있는 것이 있을 수도 있는데 오직 그 목표만 보이기 때문이다."

_리샤르드 카푸스친스키Ryszard Kapuściński의

『태양의 그림자The Shadow of the Sun』에서

'맹목적인 목표'라는 표현을 들어본 적이 있을 것이다. 이것은 한 가지 목표에만 집중하느라 다른 것은 하나도 보이지 않는 상황을 가리킨다. 세상의 변화로 더 이상 의미 없는, 한 특정 목표가 되어버렸다면 아무리 집중한들 소용이 없다. 특히나 요즘은 급속도로 빠르게 기술이 진보하므로 더욱 주의해야 한다.

그런데 하나의 목표만 바라봐선 안 되는 중요한 이유는 따로 있다. 앞에서 올림픽 사이클 메달리스트 빅토리아 펜들턴 선수가 금메달 획득의 목표를 달성하고 기운이 빠졌다는 일화를 소개했다. 그레그 설 역시 금메달을 딴 순간 어떻게 해야 할지 몰랐다고 한다. 이처럼 목표를 달성한 후에는 '이제는 어떡하지?'라는 생각이 들 수 있다. 심리학자들은 최종 목적지에 이르는 여정의 중요성을 강조한다. 프로이트는 투쟁이 성취보다 더 큰 즐거움을 준다는 말을 했다. 빅토리아 펜들턴과 그레그 설은 확실히 '투쟁'을 즐긴다는 것을 알 수 있다.

인생은 오직 하나의 목표만을 융통성 없게 따라가는 여정이 아니다. 소소한 기쁨을 즐기는 유연한 자세야말로 원대한 목표를 이루는 데 도움이 된다. 물론 목표 달성에 필요한 규율을 전부 무시해도 된다는 말은 아니다. 날마다 술을 마신다면 공부에 방해가 되지만 일주일에 한 번이라면 오히려 도움이 된다. 심오한 분석에서 나온 결과가 아니라 내가 개인적으로 주변에서 관찰한 것이지만, 중간 과정을 즐기지 못하고 오직 최종 목적지 도달에만 관심을 쏟는 사람은 목적지에 도달하고도 제대로 기쁨을 누리지 못하는 듯하다. 한마디로 순간순간을 즐기라는 것이다. '순간'을 즐기다 보면 지루하고 변화 없는 일상에서 벗어나 예상치 못한 재밌는 일들이 일어날 수 있다. 다음에서는 순간을 즐기는 방법을 소개한다. 평소에도 '순간'을 즐기자는 자세로 살아가는 사람이든, 확고한 목표를 추구하는 과정에서 잠시 새로움을 느낄 필요가 있는 사람이든 모두 활용 가능하다.

구체적인 행동

이따금 새로운 활동을 해볼 필요가 있다. 제1장에서 가장 높은 곳에 가보거나 주변 환경에 호기심을 가져보라는 말을 했었다. 내가 아는 어느 나이 지긋한 신사는 매일 자신이 사는 동네에서 한 번도 가본 적 없는 곳에 간다. 상점이든 골목이든 아무리 작고 사소해도 한 번도 가본 적 없는 곳이라면 어디든지 상관없이 간다. 그는 놀랍게도 주변에서 매일 새로운 곳을 찾기가 하나도 어렵지 않다는 사실을 발견했다.

사소한 즐거움

긍정 심리학의 대가 마틴 셀리그먼은 매일 잠자리에 들 때마다 매우 간단한 방법으로 그날 있었던 긍정적인 일을 떠올린다. 그날의 사소한 즐거움 세 가지를 떠올리고 잠시 동안 새겨보는 것이다. 오랜만에 만나는 친구와 커피를 마셨다거나, 좋은 음악을 들었다거나, 웃음을 터뜨리게 해준 일이나 아이들과 함께 30분 동안 놀았던 일이나, 산책을 한 일 등 지극히 사소한 일들이다. 이런 생각들을 해보면 인생에서 가장 즐거운 일들은 미리 준비되지 않은 일들임을 알게 된다.

가슴에 귀 기울이기

어떤 사람들은 과거에 어떤 일이 있었는지보다 그때 느낀 감정을 더욱 쉽게 기억한다. 즉흥적인 행동을 망설이지 말고 즐거움을 느껴보라고 가슴은 말한다. 가슴이 머리에 행동을 지시하는 것이다. 물론 평생을 그런 태도로 살아가는 것은 바람직하지 않지만 삶에 있어서 약간의 즉흥성은 필요하다. 죄책감을 느끼지 않고 가끔씩 즉흥적으로 행동할 수 있어야 한다. 죄책감을 느낀다면 후회와 걱정으로 가득 차서 진정으로 그 순간을 즐길 수 없기 때문이다.

현재를 즐기기

살다보면 비교를 하게 되기 쉽다. 이번 휴가에는 지난번과 다른 곳에 가고 싶다거나 똑같은 레스토랑인데 맛이 달라졌다거나 하는 식으로 말이다. 비교하지 말고 그저 현재를 즐겨라. 맛있는 식사와 좋은 책을 느긋하게 즐겨보자.

우울해하지 말기

예전에 긍정적인 생각에 관한 책들은 약점을 키우라고 강조했다. 열심히 노력하면 약점을 강점으로 바꿀 수 있다고 말이다. 물론 맞는 말이다. 하지만 연관성을 느끼는 일이고 진전이 보여야만 한다. 예를 들어 직장 업무를 위해 싫든 좋든 꼭 익혀야만 하는 것들이 있다. 그리고 별로 잘하지는 못하지만 재미를 주는 일들도 있다. 당신의 능력은 고정되어 있지 않으며 즐거움이 주는 격려는 강력한 원동력이 되어준다. 그러나 사기를 꺾어놓는 일들도 있다. 절대로 좋아지지 않는 일들이다. 내 경우에는 자동차 수리나 DIY 작업은 아무리 노력해도 좋아지지 않는다. 다른 기회가 있다면 전혀 즐거움을 느끼지 못하는 일을 붙잡고 굳이 애쓰지 않아도 된다.

불확실한 실험

불확실한 것을 싫어하는 사람들이 있다. 반면 미지의 요소를 좋아하는 이들도 있다. 이 책의 인터뷰 대상자 중 한 명인 버니스는 "전 새로운 시도를 좋아해요. 불확실함을 즐기죠"라고 말한다. 물론 보잉 747기를 조종하는 순간만은 예외다.

　이 책을 읽는 사람 중에서도 불확실한 요소를 좋아하는 이들이 있을 것이다. 새로운 것을 가지고 '놀면' 두 가지 장점이 따라온다. 첫 번째는 틀에 박힌 일상에서 잠깐 동안 벗어날 수 있다는 것이고, 두 번째는 새롭고 흥미로운 길을 열어준다는 것이다. 무언가를 잘하려면 확실하지 않은 부분에 뛰어드는 동시에 '머리를 써서' 확실한 개선 방법을 짜낼 필요가 있다. 따라서 순간을 사는 것은 목표 설정과 분명히 연관이 있다.

아무것도 하지 않기

이 책은 대부분 성공과 성취, 긍정, 수행에 대해 이야기하지만 가끔씩은 아무것도 하지 않고 앉아 있는 것도 좋다. TV도 끄고 노트북도 치우고 은은한 조명 아래 편안하게 호흡하면서 말이다.

🍀 *Summary!*
- 가끔은 목적을 잊고 순간을 즐겨라.
- 인생에는 즉흥성도 필요하다.
- 순간의 작은 즐거움을 즐긴다.
- 가끔은 즐거움을 추구하는 가슴이 합리적인 머리를 이겨도 괜찮다.

제 6 장

사람

"저에게는 다른 사람의 관점에서 보고 느끼는 게 정말로 중요해요. 분야를 막론하고 의사소통에 관여하는 모든 사람이 마찬가지겠죠. 특히 제가 몸담은 이 분야에서 의사소통 기술이 부족한 사람들을 볼 때마다 깜짝 놀랍니다. 다중 플랫폼 프로그램웹이나 휴대전화, 전자기기, 실생활에서의 활동과 통합된 TV프로그램의 개발자인 저에게는 의사소통 기술이 상당히 중요하거든요. 대본 작가나 마케팅 관계자, 작가 같은 직업은 물론이고 사용설명서에도 의사소통이 매우 중요하죠. 한 걸음 뒤로 물러나서 목표 관객, 사용자, 소비자의 관점에서 바라봐야 합니다. 그런데 그렇지 못하는 사례가 너무 많아요. 특히 전문 용어를 제대로 알지 못하는 실수가 가장 많죠. 그런 실수는 관객의 관점을 제대로 이해하지 못하고 관심도 없다는 걸 나타내는 분명한 신호가 됩니다."

_애덤

이 장에서 살펴볼 행운의 조건

이 장에서는 당신과 타인이 어떻게 연결되어 있는지 살펴본다. 목표를 이루기 위해 타인을 조종하거나 기만하거나 강요해야 한다는 내용이 아니다. 모두의 친구가 되어야 한다는 내용도 아니다. 이 장에서는 당신의 삶에서 타인이 중요한 부분을 차지한다는 사실을 알아본다. 성과를 내거나 최대한 실력을 발휘하고 목표를 달성하려면 타인의 도움이 필요하기 때문이다.

타인을 '조력자'가 아닌 '방해물'로 인식하는 사람들도 있을 것이다. 물론 사람들은 대부분 타인을 방해물로 여기지는 않지만 문제가 있는 사람 정도로 여길 수는 있지만 좀 더 주도적으로 대인관계를 이끌어갈 필요가 있다. 익히 알고 있겠지만 사람에게 투자하면 개인적으로나 직업적으로도 큰 도움이 된다.

먼저 좋은 관계를 만들 수 있는 효과적인 기술을 살펴보자. 이것은 타인의 말에 귀 기울이고 질문하고 그들의 세계에 관심을 기울이는 것을 말한다. 또 연관성이 느껴지지 않는 사람과 관계를 맺는 방법도 살펴볼 것이다. 사람들과 관계를 맺는 방식이야말로 성공과 실패를 가르는 요소이기 때문이다.

그리고 이 장에서는 현대적인 대인관계 기술 두 가지, 즉 인맥 쌓기와 영향력 행사하기도 살펴본다. 또한 칭찬, 도움에 대한 감사의 말 전하기, 성공에 대한 시각 등 사람들과 즐거움을 함께 나누는 방법에 대해서도 살펴보자.

"타인이 곧 지옥이다"라고 한 작가 장 폴 사르트르Jean-Paul Sartre는 그것이 사실과 다르다는 것을 알게 될 것이다.

행동은
행동을 낳는다

지구에는 약 70억 명에 이르는 사람들이 살고 있다. 그들 모두
는 저마다 고유한 존재이며 자기만의 세계관이 있다. 주변 사
람들과 돈독한 관계를 맺으려면 그들이 보는 세상에 관심과 호
기심을 기울여야 한다. 그 이유는 무엇일까? 인간은 정서적으
로나 신경학적으로 자신에게 관심이 있거나 말에 귀 기울여주
거나 생각이나 필요를 알아주는 사람에게 끌리게 되어 있기 때
문이다.

타인을 진심으로 이해하는 기술이 있으면 그들과 행복하고
생산적인 관계를 맺을 수 있다. 사람은 대개 타인을 통해서 야
망을 달성할 수 있기 때문이다.

또한 타인을 잘 안다는 것은 그들에 대한 당신 자신의 기대를 관리하는 데 도움을 주기 때문이다 비록 사람이란 매우 예측 불가능하지만.

타인의 세계로의 여행

타인의 니즈와 생각, 감정, 믿음에 적극적으로 관심을 기울이는 것은 삶을 살아가는 기술 중 하나다. 단호한 자기주장, 영향력 행사, 협상, 인맥 쌓기 같은 개인의 능력도 삶의 기술이다.

　타인에게 관심을 보이면 그들도 당신에게 끌릴 뿐만 아니라 진지하게 반응할 것이다. 또 그들은 당신이 자기들에게 관심을 보이고 자기들의 필요와 관심사를 이해한다고 느낄 것이다. 서로의 이해관계가 충돌하는 협상 상황일수록 당신이 상대방의 존재와 행동 동기를 이해하면 문제의 해결책을 찾기가 쉬워진다.

　누구나 속으로 '나에게 돌아오는 이익이 뭐지?' 하고 생각한다. 이것을 염두에 두고 상호작용을 한다면 타인에게 더욱 큰 영향력을 행사할 수 있고 '상대방은 나한테 이걸 바라는데, 그렇다면 나에게 돌아오는 건 뭐지?' 하고 생각하므로 협상도 더 잘할 수 있으며 '너에게는 이것이 특히 중요하다고 했지, 우리 이렇게 합의하는 게 어떨까?' 타인의 니즈를 이해할 수 있으므로 인맥 쌓기에도 도움이 된다.

　사실 '타인의 세계로의 여행'은 핵심적인 기술을 포함한다. 바로 보통 사람들과 훨씬 경청할 줄 아는 기술이다. 의미 있고 생산적인 인간관계를 맺으려면 꼭 필요한 기술이다.

헌신적인 듣기

타인의 말을 귀담아듣지 못하는 이유를 생각해보자. 아마도 다음과 같은 이유가 떠오를 것이다.

- 상대방이 지루해서
- 다른 생각에 빠져서
- 피곤해서
- 더 중요한 일들이 있어서
- 스트레스 때문에
- 내가 더 재미있는 할 말이 있기 때문에
- 상대방의 말에 동의할 수 없기 때문에

이유가 어쨌든 이 때문에 대화에 집중하지 못하게 된다. 몸은 그 자리에 있지만 마음속으로는 다른 것을 생각하고 있다.

- 어떻게 반응할지 생각하고 있다. 상대방의 말에 귀 기울이는 동시에 대답을 궁리할 수 없으므로 어느새 듣고 있지 않게 된다.
- 전혀 다른 생각을 하고 있다오늘 뭘 할지 등.

놀랍게도 상대방의 말을 제대로 듣지 못하는 데는 다음의 두 가지 이유도 포함된다.

- 더 재미있는 할 말이 있기 때문에
- 상대방의 말에 동의할 수 없기 때문에

더 '재미있는' 할 말이 있으면 그것을 준비하느라 상대방의 말을 듣지 않게 된다. 그리고 두 번째처럼 상대방의 말에 동의하지 않는다면 반대 의견을 준비하느라 상대방의 말에 귀 기울이지 못한다.

이처럼 대개는 '다른 생각에 빠져서' 상대방의 말을 듣지 않는 경우가 많다. 상대방이 지루한 사람이거나 피곤하거나 스트레스가 많거나 더 중요한 일이 있어도 마찬가지다. 그래서 '헌신적인 듣기'가 필요하다^{'적극적인' 듣기나 '창조적인' 듣기라는 표현은 들어본 적이 있을 것이다}. 둘 사이에 유대감이 전혀 없거나 반대 의견을 가진 사람이라면 귀 기울이기가 쉽지 않다. 하지만 싫어도 그래야만 하는 경우가 많다.

마음속으로 자신과 많은 대화를 할수록 상대방의 말을 제대로 들을 수가 없다. 자신과의 대화는 덮어두고 상대방과의 대화에 집중해야 한다.

- 내 이야기를 보태서 상대방의 이야기를 더 낮게 만들려는 생각은 버려라.
- 상대방의 말에 찬성할 수 없다면 이렇게 말한다. "흥미로운 관점이네. 어째서 그렇게 생각해?" 또는 "난 미처 그 생각은 못했는데……" 물론 상대방이 윤리적으로 불쾌하고 극단적인 말을 한다면 자리를 떠나도 된다.
- 상대방의 말을 다시 확인한다. "내가 제대로 이해했는지 확인하고 싶어. 네가 ~라고 말했지?" 이렇게 하면 제대로 이해했는지 확인할 수 있을 뿐만 아니라 속으로 다른 생각에 빠지지 않고 상대방의 말에 집중할 수 있다.
- 고개를 끄덕이거나 "그래서 기분이 어땠어?" 또는 "그때 어떤 생각이 들

었어?", "계속해. 흥미로운걸" 같은 짧은 말로 반응함으로써 상대방이 계
속 말하도록 격려한다당신이 상대방의 말을 듣고 있다는 사실을 알려주는 기회도 된다.

- 대화에 몸을 활용한다. 긍정적이고 적극적인 보디랭귀지는 상대방이 쉽
  게 알아차릴 수 있다. 또한 당신에게도 미묘한 영향을 끼친다.

- 대화에 작은 틈을 허락한다. 예를 들면 서구 문화에서는 일본보다 대화 사
  이의 침묵을 매우 불편해한다. 하지만 오고간 말을 생각해볼 시간을 잠깐
  가지면상대방에게 "그 말에 대해 잠시 생각해보는 중이야"라고 말해도 된다 자신의 생각 과정에도
  도움이 되고, 상대방에게 귀담아듣고 있다는 강력한 신호도 보낼 수 있다.

- 상대방의 말이 지루해지거나 똑같은 말이 계속 이어진다면 아첨을 이용
  해서 끊을 필요가 있다. "중간에 끼어들어서 미안하지만, 방금 한 말이 무
  척 흥미롭네요. 자세히 이해하고 싶어요"라고 하거나 "요약하면 ~라는
  말이죠?"라면서 상대방의 말을 다시 짚어본다.

지금까지 설명한 헌신적인 듣기의 내용을 다시 한 번 살펴보면, 올바른
질문을 함으로써 대화가 계속 진전되어 상대방과 소통할 수 있음을 알 수 있
다. 올바른 질문하기를 통해 당신도 정확하게 사고할 수 있으므로 상대방의
말을 귀담아듣게 된다. 어떤 사람들은 호기심이 강해 자연스럽게 질문을 할
수 있지만 대부분은 약간의 노력이 필요하다. 새로운 관점이나 정보, 반대
의견, 상대방의 생각과 니즈, 감정, 믿음을 알아보려는 의지가 질문을 통해
드러나기도 한다. 이처럼 상대방의 세계에 호기심을 가지면 적극적인 의사
소통이 이루어질 수 있다.

기대

미셸은 관리자의 입장에서 타인을 바라보는 훌륭한 관점에 대해 이야기한다. "저는 사람들에게 100%를 요구합니다. 하지만 그 100%의 기준이란 사람마다 다르죠." 이 말에서 보듯 그녀는 사람이 저마다 다른 존재이므로 그들에 대한 이해를 바탕으로 기대를 조절해야 한다는 사실을 잘 알고 있다.

기대란 상대방의 기술에 따라 실제적으로 만들어지는 것이 아니다. 누군가를 잘 이해하게 될수록 그가 여러 상황에서 반응하는 모습을 이해할 수 있다. 따라서 모두에게 '천편일률적'인 방식을 적용하지 않고 상대방과 그 사람의 반응에 따라 당신의 행동을 조절할 수 있다.

팀원에게 피드백을 주고 싶다고 해보자. 당신은 그가 평소 피드백을 쉽게 받아들이지 못하고 감정적으로 반응하리라는 것을 알고 있다. 그렇다면 그가 잘한 일에 대한 칭찬과 함께 피드백을 전달할 수 있다. 이렇게 하면 그의 기분을 상하지 않게 하면서도 피드백의 장점을 활용할 수 있으며 자신감을 올려줄 수 있다.

그레그는 2000년 올림픽 당시를 돌아보며 상대방의 관점에서 생각해보는 것이 무엇인지 알게 되었다고 고백한다.

"경험을 통해서 제가 팀원들과 일하는 방식을 돌아볼 수 있었어요. 팀의 흐름을 저버리지 말아야 한다는 걸 배웠죠. 2000년 올림픽 때 파트너였던 에드 쿠드는 저보다 경험이 훨씬 적었는데 그게 몹시 신경이 쓰였어요. 일이 잘 풀리지 않을 때 에드를 탓했고, 결과적으로 그의 자신감을 떨어뜨린 것 같아요."

80:15:5

당신은 인생을 살아가면서 주변 사람들의 약 80%와 만족스럽고 생산적인 인간관계를 맺을 수 있다. 그리고 5%는 당신이 아무리 노력해도 즐거운 시간을 보낼 수 없는 사람들이다. 그런 사람들은 신경 쓰지 말고 관계를 끊는 편이 훨씬 유익하다.

마지막 15%는 여기에서 자세히 살펴보기로 하자. 그들과의 관계에는 여러 가지 이유로 어려움이 따를 수 있지만 서로에게 도움이 되므로 관계 개선을 위해 시간을 투자할 가치가 충분하다.

당신은 '5%와 15%를 어떻게 구분하지?'라고 의아해할 것이다. 물론 처음에는 불가능할 수 있다. 그래서 대부분은 대하기 힘든 사람들을 '까다로운 관계'에 포함시키고 포기한다. 20%와 진정한 유대관계를 맺으려고 노력한 후 15%를 '힘들지만 가능성 있는 관계'로 규정하고 나머지 5%를 '최선을 다했지만 도저히 불가능한 관계'로 규정하면 된다.

15%에 속하는 사람들은 당신에게 진정한 차이를 만들어주는 이들이다. 처음에는 그들과 연관성을 느끼지 못하더라도 관계 개선에 노력을 기울이면 큰 도움이 된다. '행동은 행동을 낳는다'는 옛말이 거기에서 비롯된다.

15%의 힘든 인간관계를 개선하기

15%에는 다음과 같은 유형의 사람들이 포함된다.

- 신뢰가 부족한 것처럼 느껴지는 사람들
- 계속적으로 당신과 의견을 달리하는 사람들
- 일관성이 없는 행동을 하는 사람들
- 당신을 '위협'으로 인식하는 사람들
- 목소리를 높이는 등 공격적인 행동을 하는 사람들
- 당신이 도움을 필요로 할 때 아무런 도움이 되지 않는 사람들

다음은 15%의 사람들과 서로 도움이 되는 쪽으로 관계를 개선하기 위한 7단계다. 다음 그림은 문제를 출발해 행동으로 이르는 과정을 보여준다. 아래에 각 단계를 요약했다.

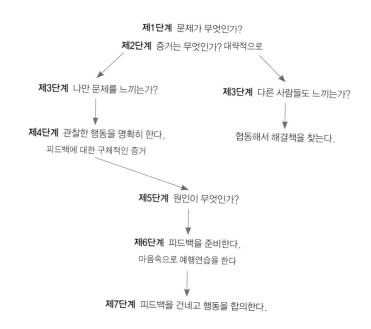

제1단계 문제가 무엇인가?

첫 번째 단계는 문제를 평가하는 것이다. 이 단계에서는 '그녀는 이따금 나를 공격적으로 대해' 또는 '그는 내가 도움이 필요할 때 도와주려고 하지 않는 것 같아'처럼 문제가 구체적이지 않고 일반적으로만 인식된 상태일 수도 있다.

제2단계 증거는 무엇인가?

이 단계에서는 문제의 구체적인 사례를 찾는다. 얼마나 자주 일어나는가? 특정한 상황에만 일어나는가?예를 들어 당신이 혼자 있을 때나 집단 안에 있을 때만 증거를 자세히 살펴봄으로써 문제를 다시 생각해볼 수 있다.

제3단계 나만 문제를 느끼는가, 다른 사람들도 느끼는가?

당신 혼자만 특정한 상대방에게 문제를 느낄 수도 있다. 반면 다른 사람들도 똑같이 인식하는 문제임이 확실할 때도 있다. 그런가 하면 혼자만 느끼는 문제인지 다른 사람들도 똑같이 느끼는 문제인지 긴가민가해서 결국 자신을 탓하게 되는 경우도 있다.

여러 사람이 공통적으로 느끼는 문제라면 함께 해결책을 찾아볼 수 있다. 만약 당신 개인만의 문제라고 가정한다면 다음 단계로 이어진다.

제4단계 관찰한 행동을 명확히 한다

소문이나 애매모호한 성격상의 문제를 토대로 한 것이 아니라 구체적이고 정확한 증거여야 한다. 따라서 "넌 항상 지나치게 공격적이야"라고 말해서는 안 된다. "아니, 난 그렇지 않아." "맞아, 넌 그래" 같은 의미 없는 공방이 이루어지기 십상이기 때문이다. 상대방이 당신에게 공격적으로 행동한 구체적인 사례를 찾아야 한다.

제5단계 원인이 무엇인가?

타인의 다루기 힘든 행동에는 구체적인 이유가 따르기 마련이다. 만약 그가 오직 당신에게만 그렇게 행동한다면 상대방의 입장에서 원인을 찾아볼 필요가 있다. 당신이 그의 마음에 들지 않거나 신뢰가 부족해서일 수도 있다. 상대방이 당신에게 그렇게 행동하게끔 원인을 제공하지는 않았는가? 자신에게 솔직해져야 한다. 상대방이 당신의 피드백에 반박하는 사실을 내놓을 수도 있으므로 이 질문은 곰곰이 생각해봐야 한다. 선입견에 흔들리지 말고 열린 마음으로 상대방과 대화해야 한다.

제6단계 피드백을 준비한다

피드백은 내용을 뒷받침하는 구체적인 사례가 뒤따라야만 실용적이다. 피드백을 확실히 입증할 구체적인 사례가 준비되어 있어야 한다제4단계 참고. 또한 마음속으로 정확하게 미리 연습을 해둬야 한다.

> '쉽지 않은 대화가 되겠지만 난 충분히 준비를 했어. 상대방이 자신의 행동을 방어할 권리가 있는 만큼 나도 그의 행동이 잘못되었다고 말할 권리가 있어. 그래서 쉬운 대화는 아니겠지만 나는 제대로 준비했으니까 잘 해낼 수 있어. 상대방이 다른 문제를 꺼내거나 감정을 통제하지 못한다고 해도 나는 오직 사실만 이야기하고 내 감정을 조절하면 돼.'

제7단계 피드백을 건네고 행동을 합의한다

피드백은 반드시 증거가 뒷받침되어야 하며 당신이나 집단의 행동이 끼치는 영향에 대한 언급이 포함되어야만 한다.

> "존 또는 제인, 당신과 할 이야기가 있어요. 우리 모두에게 쉬운 대화는 아닐 거예요. 근래에 내가 당신에게 불편함을 느낀 적이 몇 번 있어요. 일례로 당신이 며칠 전에 ~라고 한 말또는 행동이 그랬어요. 또 당신이 ~라고 한 말 때문에 내 기분이 ~했던 적도 있었어요. 이유는 모르겠지만 당신이 다른 사람들을 도와주는 것만큼 나를 도와주지 않으려고 하는 것 같아요."

당신이 나서서 이유를 찾으려고 하면 안 된다. 상대방이 왜 그런 말과 행동을 하는지 당신은 짐작하고 있겠지만제5단계 상대방이 직접 결론을 내놓도록 해야만 한다.

즉각적인 대응을 기대해도 안 된다상대방이 즉각 감정적으로 반응할 수도 있다. 상대방이 감정적으로 나오면 약간 사그라질 때까지 기다린다. 상대방이 화를 내거나 울려고 하거나 하면 중간에 끼어들지 마라. 오히려 사태만 악화될 뿐이다. 다행스럽게도 감정적인 반응보다는 프로다운 반응을 보이는 사람들이 많다.

이후 행동에 서로 합의하는 것을 목표로 삼아야 한다. 당신이 상대방에게 피드백을 주기 전에 충분히 생각해볼 시간이 필요한 것처럼, 상대방에게도 시간이 필요하다. 행운의 조건 18 '영향 끼치기'에서 이 7단계를 활용하여 신뢰가 부족한 사람과의 문제를 성공적으로 해결하는 방법을 살펴보게 될 것이다.

✤ *Summary!*

- 세상에는 70억 명이나 되는 사람들이 존재한다. 몇 가지 일반적인 전형으로 모든 사람의 성격을 구분할 수는 없으며 사람은 저마다 다르고 흥미로운 존재이다. 그렇기에 모든 사람을 좋아할 필요는 없다.

- 헌신적인 듣기와 질문하기를 통해 상대방의 내면 '세계'를 이해한다.

- 아무리 노력해도 잘 지낼 수 없는 사람들도 존재하므로 너무 걱정할 필요가 없다. 그들에게 쏟을 에너지를 다른 데 사용하라.

- 비록 가까운 사이는 아니더라도 조금만 노력하면 바람직한 관계를 맺을 수 있는 사람들이 더 많다.

- 7단계를 활용하면 타인의 행동에 관련된 문제를 해결할 수 있다.

인맥 쌓기

"저는 인맥을 쌓는 게 즐겁습니다."

_애덤

인맥 쌓기에 대해 잘못 알려진 사실이 많다. 흔히 인맥 쌓기에 능한 사람이라고 하면 행사장 안을 이리저리 휘젓고 다니면서 모두에게 인사하고 '악수하고' 이용 가치 있는 이들을 눈여겨보는 모습을 연상시킨다. 하지만 그것은 잘못되어도 한참 잘못된 방식이다.

현대에는 인맥 쌓기의 개념이 많이 바뀌었다. 세 가지 주요 원인은 다음과 같다.

- 21세기의 인맥 쌓기란 사람들을 '이용'하는 것이 아니라 그들과 '관계'를 맺는 것이다.
- 링크드인LinkedIn 같은 개인적인 인맥 관리 도구의 등장으로 인맥 쌓기에 새로운 변화가 생겼다. 사람에 따라 적극적으로 이용할 수도 있고 소극적으로 이용할 수도 있다.
- 전통적인 상위하달 구조의 계층제 조직에서 일하는 사람의 경우, 부분적으로 인맥이 성공을 좌우한다. 특히 현대에 들어와 조직 안에서 인맥을 쌓으며 인간관계에 힘써야 할 필요성이 커졌다.

앞의 행운의 조건에서 살펴본 듣기와 질문하기 기술은 일대일로 직접 대면해서 인맥을 쌓을 때 반드시 필요하다. 하지만 여기에서는 인맥 쌓기에 필요한 자질에 초점을 맞춘다. 일종의 인맥 쌓기 철학에 관한 것이다. 이 행운의 조건은 행운의 조건 8에서 소개한 SID를 이용해 사회적 상황에서 주도적으로 인맥 쌓기에 나설 수 있도록 도와준다.

인맥 쌓기에 필요한 자질

인맥 쌓기에 뛰어난 사람들에게는 몇 가지 공통점이 있는데 지금부터 함께 살펴보도록 하자. 또 애덤의 말에서 인맥 쌓기가 그에게 어떤 의미이며 그가 어떻게 인맥을 쌓고 있는지도 함께 살펴보자.

사람들을 대하는 태도

사람들을 '이용'하는 이들이 있고 서로에게 도움이 되도록 대하는 이들도 있다. 인맥을 쌓는 사람들은 후자다. 장기적인 인간관계의 가치를 잘 아는 사람들이다. 처음에는 개인적으로 무엇을 얻고자 기대하지 않는다.

이익을 알기

장기적인 인간관계는 당신에게 도움이 될 수도 있고 어쩌면 그 인맥과 연결된 개개인들에게 도움이 될 수도 있다. 이익이 보장되지는 않는다는 말이다 따라서 이득을 기대해서도 안 된다. 하지만 제대로 인맥을 쌓는 사람이라면 사람들에게 투자한 만큼 이익을 얻기 마련이다. 창조성을 중요시하는 애덤은 인맥에서 그것에 관한 이익을 얻는다.

"인맥이 성공에 필수적인 이유는 어떤 측면에서 그것이 숫자 게임이기 때문입니다. 인맥이 정말 넓고 상상력을 활용할 수 있다면 수학적으로 올바른 시기에 올바른 사람에게 올바른 질문을 할 수 있는 가능성이 커지거든요. 사람들과의 연결이나 아이디어와의 연결이 제대로 이루어질 수 있죠. 저한테 창조성은 연결이에요. 아이디어 사이의 연결이고 사람들 사이의 연결이죠. 기회를 알아보고 잡는 게 바로 창조성이라고 생각해요. 흥미로운 연결이 최대한 많이 이루어지고 기회도 최대한 많이 열리도록 해야죠."

인맥 쌓기에는 이타주의적 요소도 포함되어 있다. 애덤의 말을 들어보자.

"제가 제일 좋아하는 일은 이전에는 연결되어 있지 않았던 사람들을 이어주는 거예요. 대개는 양쪽 모두에게 이익이 되죠. 인맥 쌓기는 어떻게 보면 중매와 비슷해요. 예전에 논문을 쓰기 위해 앙드레 브르통André Breton의 『초현실주의 선언Surrealist Manifesto』을 읽은 기억이 납니다. 정말로 위력적인 아이디어는 이전에 이어져 있지 않았던 두 가지를 하나로 연결함으로써 나온다는 아주 중요한 사실을 배웠어요. 전기가 그렇듯 양쪽의 차이가 클수록 커다란 불꽃이 생기죠."

행동 중심

당신은 인맥에 얼마나 적극적으로 시간을 투자할 준비가 되어 있는가? 여기에는 자신에게 즉각 이익이 없을 때도 타인을 도와야 한다는 것이 포함된다. 인맥 쌓기에 뛰어난 사람들은 미리 계획을 세우고 신중히 사람에게 투자하면 미래에 이익이 되어 돌아온다는 사실을 잘 안다. 그들은 단기적으로 사람을 이용하지 않고 장기적인 관계를 형성하는 데 초점을 맞춘다.

체계적

인맥 쌓기에 뛰어난 사람은 여러 유형의 인간관계가 존재한다는 사실을 안다. 서로 지지해주는 친밀한 관계가 있고 약간 거리는 있지만 언제든 도움을 주고받을 수 있는 관계가 있다.

의사소통

당신은 동료나 친구들의 인생과 세계에 관심이 있는가? 이전 행운의 조건에서 배운 듣기와 질문하기 기술을 활용해야 한다. 의사소통 기술을 좀 더 가꿀 필요가 있는 사람들도 있다. 다음에서 보듯 애덤은 스스로 관찰을 통해 의사소통 기술을 발전시켰다.

> "저는 인맥을 쌓는 게 즐거워요. 원래 활발한 성격은 아니지만 20대 때부터 많이 바뀌었죠. 타고날 때부터 의사소통 기술이 뛰어난 아내를 만난 게 큰 영향을 끼쳤죠. 아내가 사람들이나 그들의 이야기에 반응하는 모습을 보고 많이 배웠죠."
>
> _애덤

주도적인 상호작용

인맥 쌓기에 뛰어난 사람은 어느 상황에서든 적극적으로 사람들과 대화하려고 노력한다. 사실 그것은 굉장히 힘든 일이다. 많은 이들이 업계의 행사나 사교 모임에서 '말 주고받기'를 굉장히 어려워한다. 아는 사람이 거의 없는 장소에서 200명이나 되는 사람들 틈에서 대화를 나누기란 쉽지 않다. 그런 상황에서 SID행운의 조건 8 참고가 어떤 도움이 되는지 자세히 살펴보자.

지속하기

인맥 쌓기에 능한 사람은 기회가 닿을 때마다 사람들에게 연락하고 관계를 지속시킨다. 애덤의 말에서도 관계 지속의 중요성이 잘 드러난다.

> "우정이나 인간관계가 타성에 젖어서는 안 된다고 생각해요. 2~3년 동안 얼굴을 못 보는 사람들도 있지만 기회가 있을 때마다 연락해서 관계를 유지하려고 노력하죠. 이렇게 사람들과의 관계를 돈독하게 다지다 보면 즐겁고 보람도 있어요. 좋은 일이 끊임없이 생기거든요."

주도적인 상호작용

콘퍼런스나 대규모 회의, 해마다 열리는 사내 모임 등은 사람들과 접촉할 수 있는 좋은 기회지만 불편함을 느끼는 사람들도 많다. 모르는 사람들과 자연스럽게 대화하는 능력을 타고나지 못한 사람들도 있기 때문이다. 그들은 어떻게 대화를 시작해야 할지 난처해한다. 하지만 SID, 건전한 내면의 대화를 통해 마음속으로 그런 상황에 준비할 수 있다. SID의 6단계에 따라 이 상황에 대비해보자.

제1단계 **상황**S
당신이 예측하는 힘든 상황이 무엇인지 파악한다.

'모르는 사람들과 대화하는 게 어려워.'

제2단계 구체적인 문제[S]

당신은 그 상황에서 구체적으로 무엇에 불편함을 느끼는가?

'기억에 남도록 내 소개를 해야 하는데 어떻게 시작해야 할지 모르겠어. 사람
들이 나와 이야기하는 걸 재미없어 할 거야. 지루한 사람들하고 남게 되겠지!'

제3단계 중요성[S]

그 상황에 대한 당신의 감정이 행동에 어떤 영향을 끼치는지 알아야 한다.
불안한가? 그 불안감이 어떤 영향을 끼치는가?

'내 속마음이 행동에도 드러날 거야. 자기소개를 잘하지 못할 거야. 말이 제
대로 나오지 않아 자기소개를 잘하지 못할 수도 있어. 말하다가 헤맬지도 몰
라.'

제4단계 영향[I]

현실적으로 생각해볼 필요가 있다. 첫째, 최악의 시나리오가 실제로 닥칠
가능성이 있는지 알아야 한다. 둘째, 당신의 행동에 영향을 끼칠 것으로 파
악된 것이 당신이 생각한 상황을 그대로 만들어낼 가능성이 높다는 점을 알
아야 한다. 다시 말해서 자기실현적인 예언이 된다는 뜻이다.

'내가 이 상황을 불편해하면 목소리가 분명하지 않거나 시선을 맞추지 못하는
등 행동에서 그대로 드러날 거야. 우려가 현실로 나타나겠지.'

제5단계 탐구 |

이것은 현실적인 사고를 통해서 부정적인 감정을 긍정적인 사고방식으로 바꾸는 단계다. 다음과 같은 질문으로 시작해보자.

- '예전에도 일어난 적이 있던 일인가?'
- '매번 최악의 시나리오를 떠올리고 그대로 실현된다고 생각하지는 않는가?'

'처음에는 이런 상황이 너무 불편해서 일부러 술을 많이 마셨어. 지루한 사람들과 같이 있어야 했던 적도 있었고, 사람들이 나를 피해 다른 곳으로 가고 싶어 한다는 느낌을 받은 적도 있었어. 하지만 늘 최악은 아니었어. 한두 번은 정말 재미있는 사람과 대화를 나눴고 무척 재미있었어. 그리고 보면 항상 나쁜 것만은 아닌가봐.'

여기에서 내면의 대화가 균형을 이룬다. 그다음에는 제2단계에서 떠올린 구체적인 문제의 해결 방법을 찾는다.

- **'기억에 남도록 내 소개를 해야 하는데 어떻게 시작해야 할지 모르겠어.'** 다음과 같은 방법을 추천한다.
  - 첫인상은 첫 5~30초 내에 결정된다. 첫인상이 완전히 잘못되었다고 해도 그것을 떨쳐버리기는 쉽지 않다. 따라서 당신이 어떤 첫인상을 주고 싶은지 곰곰이 생각해봐야 한다.
  - 상대방에게 걸어가면서 팔과 손을 내밀어 악수 시간을 '단축'한다. 바

로 앞으로 찔러 넣듯 손을 내밀면 상대방이 놀랄 수 있다. 손을 잡은 상태로 심하게 흔들지 않는다. 상대방의 이름을 외우고 곧바로 불러준다.

- "나는 ~입니다"라고 당신의 이름을 말하고 무슨 일을 하는지 짤막하게 소개한다. '나는'이라는 말은 당신을 중요한 사람처럼 보이게 한다. 처음 몇 마디를 정확하게 말하면 불안감을 없애는 데 도움이 된다.

- 그리고 나서 바로 상대방에게 대화의 초점을 옮긴다(듣기와 질문하기 기술을 활용). 이미 언급했듯이 타인을 이해하는 것은 매우 좋은 일이며 삶을 살아가는 데 필요한 전략이다. 인맥 쌓기에 뛰어난 사람들을 보면 상대방이 질문하지 않는 한 자신에 대한 이야기를 하지 않는다.

- 대화의 포문을 열기에 좋은 몇 가지 '화젯거리'가 필요하다. 다음은 대규모 회의에서 활용하기 좋은 예시다. "아침에 일어나서 이렇게 움직이니 좋네요", "오늘 특별히 흥미로운 것을 발견하셨나요?", "어느 부서에 계십니까?", "여기서 당신의 가장 큰 관심사는 무엇인가요?"

- 적당한 거리를 유지한다. 지나치게 친밀하게 굴지 않는다.

- 시선을 맞추되 노려보듯 빤히 쳐다보는 것은 삼간다.

- 괜찮다면 계속 미소를 짓고 있는다.

• **'사람들이 나와 이야기하는 걸 재미없어 할 거야.'** 사람들은 자신에 대해 말하기를 좋아한다. 따라서 당신에 대해 말하기보다는 상대방에게 질문을 하라. 상대방과 전혀 교감이 이뤄지지 않거나 상대방이 지루해하는 것 같다면 당신이 먼저 나서야 한다. 잠시 후 몇 가지 방법을 소개하겠다.

• **'지루한 사람들하고 남게 되겠지!'** 내면의 대화로 미리 이 상황을 준비한다면 다음과 같은 대화가 이루어질 것이다.

'현실적으로 생각해보자. 모든 사람과 잘 맞을 수는 없어. 그건 엄연한 사실이야. 그렇다면 이 사람한테서 어떻게 벗어날 수 있을까? 대화를 끝내되 정중하게 해야 해. "만나서 반가웠어요, 게리. 전 이제 마실 걸또는 먹을 걸 가지러 가봐야겠네요. 나중에 또 봐요." 또는 "이제 저는 가서 다른 사람들을 만나보려고요. 그럼 이따 또 봐요"라고 편안하게 말할 수 있어야 해. 아마 상대방도 오히려 안도할지 몰라. 아니면 내 동료를 소개해줄 수도 있어. 상대방이 나하고 안 맞는다고 다른 사람하고도 안 맞을 리는 없으니까. 사람들이 많이 모여 있는 것이 보인다면 "저쪽이 아주 재미있어 보이네요. 한번 가볼까요?"라고 말할 수도 있어.'

참고-대화가 잘 통하는 사람이라도 계속 그 사람하고만 있지 말고 여러 사람들을 만나본다.

제6단계 **역동성**ᴰ

'이제 실전에 뛰어들 준비가 됐어. 이 상황에 대한 내 태도가 제일 중요한 것 같아. 자신에 대한 확신을 가지고 사람들과 대화를 나누고 싶다는 신호를 보내야 해. 내가 지루하거나 상대방이 지루해하는 것 같으면 정중하게 자리를 피하는 방법도 생각해놨잖아. 약간 떨리기는 하지만 기대되는걸.'

❀ *Summary!*

- 상대방의 세계를 당신 세상의 중심으로 만들어라.
- 사람들을 대할 때 듣기와 질문하기 기술을 활용한다.
- 타인을 이용하지 않고 그들과 관계를 쌓으려고 노력한다. 당신에게 돌아오는 이익이

없더라도 타인에게 시간을 투자한다.

- 관계 지속을 위해 꾸준히 노력한다. 연락이 '끊기면' 안 된다.

- 주도적으로 나서서 인맥을 쌓는다.

- 새로운 사람들을 만나는 자리에서는 자신감을 '올려주는' 목소리로 말한다. 자신에 대해 말하고 싶은 유혹은 참고 상대방에 대해 질문한다.

영향 끼치기

직장에서는 당신이 통제권을 가지고 있는 영역이 확실히 정해져 있다. 하지만 당신이 영향을 끼치는 영역이 어디까지인지는 확실하게 알기 어렵다. 통제와 영향의 차이는 다음과 같다. 통제가 이루어지는 곳에서는 사람들이 적극적으로 움직이지 않으며, 영향력이 발휘되는 곳에서는 '사람'의 요소가 무엇보다 중요하다는 것이다.

영향력을 끼친다는 것은 하나의 마음 상태를 말한다. 여기 똑같거나 비슷한 업무를 담당하는 두 사람이 있고, 그중 한 명이 당신이라고 해보자. 두 사람은 하는 일이 똑같아도 각자 느끼는 영향력의 정도는 다르다. 그래서 '당신은 업무에 얼마나 큰 영향력을 끼치는가?'라는 질문의 답은 주관적일 수밖에 없다. 또한 그것은 당신이 영향을 끼치고 싶은 사람들을 대하는 방식에 달려 있다.

신중하게 생각해보자. 우선 당신이 현재 어떤 사람들에게 영향을 끼치고 있는지 떠올려본다. 그런 다음에는 영향을 끼치고는 싶지만 현재는 그러지 못하고 있는 사람들을 떠올린다. 그 차이는 당신의 지식과 기술에 따라 클 수도 있고 작을 수도 있다.

팀장이나 매니저라는 직함처럼 분명한 통제권을 통해 영향력을 발휘할 수도 있지만, 사람들에게 그 직함을 강조한다면 그보다 미묘한 영향력을 끼칠 수가 없게 된다. 하지만 사람들은 분명한 통제권보다는 미묘한 방식으로 영향력을 행사하는 경우가 많다.

타인이 존재하기에 당신은 성과를 올릴 수 있다. 대인관계에 많은 시간을 투자할수록 성공을 빨리 거둔다는 사실을 아는 사람이라면, 특별한 이유가 없더라도 타인이 당신을 도와줄 수 있음을 알 것이다. 그들이 '당신'을 위해서 기꺼이 그러고 싶기 때문이다.

이는 타인을 조종하라는 말이 아니다. 그보다 훨씬 자연스럽고 유기적인 과정이 필요하다. 물론 그렇게 되려면 대개 시간이 걸린다. 상대방에게 영향을 끼치는 연습을 해야만 하고, 그와의 믿음과 신용을 쌓아야 하기 때문이다.

믿음과 신용으로 영향을 끼치면 '부드러운' 힘이 생긴다. 물론 이외에 다른 방법으로 특정 상황에 영향을 끼칠 수도 있다. 이를테면 경영자가 경영권으로 영향을 끼치는 것처럼 말이다. 그러나 영향력이라는 부드러운 힘의 근원에는 누구나 접근할 수 있다.

다음은 빠른 시간 안에 믿음과 신용을 쌓을 수 있는 방법이다.

- **타인을 돋보이게 해주어라. 그들이 제 역할을 수행할 수 있도록 도와주라.** 비록 그들이 쉽게 믿음을 주지는 않더라도 '도움'을 준 사람은 기억한다.
- **적당한 수준이 아니라 탁월한 수준으로 능력을 발휘해서 당신의 가치를 높여라.** 제4장에서 언급한 것처럼 작은 것에 신경을 써야 한다.
- **절대로 옆으로 새는 사람이라는 인상을 주지 마라.** 다시 말하면 근무 시간에 페이스북에 접속하거나 개인 이메일을 확인하거나 일과 관계없는 웹서핑을 해서는 안 된다. 프로답게 행동한다.

이렇게 영향력을 키우고 계속 유지해나가야 한다. 사람들은 이전 프로젝트에서 당신이 잠깐 보여준 호의나 도움을 금방 잊어버리기 때문이다.

믿음

때로는 응급조치만으로는 통하지 않고 제대로 시간을 투자해야 할 때도 있다. 믿음을 하루아침에 얻는 것은 불가능한 일이다. "날 믿어"라고 말하면 오히려 영향력을 잃어버린다. 당신을 믿을지 말지는 타인이 결정한다. 당신이 할 일은 타인에게 믿음을 줄 수 있도록 최선을 다하는 것뿐이다. 다음은 믿음을 쌓을 수 있는 몇 가지 좋은 방법을 소개한다_{신용을 쌓는 방법과도 중복되므로 목록이 짧다}.

- **일관성.** 타인에게 일관성 있게 '잘해줘야만' 한다는 뜻이 아니다. 완벽주의자를 상대하기는 쉽지 않지만 그 사람이 일관적으로 그런 성향이라는

제6장 사람

197

것을 알면 그에 따라 기대와 대응 방식을 정할 수 있다.

- **확실함**. 당신이 하겠다고 한 일은 꼭 하고 어느 수준까지 잘해야 한다.
- **솔직함**. 타인을 존중하는 모습을 보여주면서 당신의 생각과 느낌을 이야기한다.
- **'내'가 아니라 '우리'**. 예를 들어 팀의 성공을 당신 덕분으로 돌리지 않는다.
- **평등함**. 어떤 자리에 있든 사람들을 대할 때 존중심과 존엄성을 가진다.

신용

좋은 평판은 신용에 근거한다. 하지만 신용을 쌓는 방법은 영역에 따라 다를 수 있으므로 직관적인 측면이 있다. 믿음과 마찬가지로 신용을 쌓으려면 시간이 걸리고 대인관계 기술이 필요하다.

당신의 평판은 주변 사람들이 당신의 무엇을 가치 있게 여기느냐에 달려 있다. 나이나 경험, 자격, 이전의 성공 등이 해당될 수 있다. 하지만 앞으로는 자격증에 존중심을 보이는 경우가 점차 줄어들 것이다. 과거에는 학위를 가진 사람들이 특별했지만 지금은 평균이 되어버렸다. 따라서 이제 사람들은 타인에게 "당신은 무엇을 할 수 있습니까?"라고 묻게 될 것이다. 좀 더 정확하게는 "당신이 남들보다 잘할 수 있는 일은 무엇입니까?"이다. 대학 졸업장이 취업의 문을 열어줄 수는 있지만 대단히 전문적인 학위가 아닌 이상 일단 직장에 들어가고 난 후에는 그다지 쓸모가 없어진다.

좋은 평판을 쌓고 싶다면 주변 사람들이 중요하게 여기는 것을 발전시키려고 노력하라. 특히 대인관계 기술에 힘써야 한다. 그것은 문화에 따라 다를 수도 있다. 물론 국가나 지역 문화도 들어가겠지만 여기서는 스포츠 팀이나 업무 팀 등을 비롯한 집단 문화를 뜻한다. 어떤 집단에서는 동의와 협동을 중요시하고, 어떤 집단에서는 리더가 지시를 내리고 구성원들이 따르게 하는 방식을 선호한다. 또 개방적이고 솔직한 의사소통 문화가 형성된 집단도 있고, 고차원적인 사교 능력을 필요로 하는 집단도 있다. 하지만 궁극적으로는 성과를 올리는 모습을 보여줘야만 평판이 쌓인다.

그 외에도 어떤 요소들이 신용을 올려주는지 소개한다.

- **나이와 경험.** 전통적인 환경에서는 가장 중요시되는 것들이다. 물론 당신이 30세 이하라면 어떻게 할 도리가 없다. 하지만 이 두 가지를 가진 사람들에게 아첨하지 않고 존경심을 보여줘야 한다. 당신이 개인적으로 그들의 능력을 어떻게 생각하든지 말이다. 이것은 연장자들과 관계를 개선할 수 있는 좋은 출발점이 된다. 당신의 성공을 위해서는 그들의 '지지'가 필요하기 때문이다.
- **성과.** 신용을 쌓는 가장 좋은 방법이다. 우선 최종 결과에만 집중한 다음에 과정을 걱정하라는 조언이 가장 훌륭하다. '어디로 가고자 하는가?'를 먼저 떠올린 다음에 '어떻게 하면 갈 수 있는가?'를 고민하라는 말이다. 성과를 올리지 못하는 사람은 그 순서를 뒤바꾸어 생각하는 경우가 많다.
- **인간관계 관리.** 성과를 올리는 것도 중요하지만 그러기 위해서는 제대로 지속되는 인간관계의 틀 안에서 이루어져야 한다. 일과 사람은 밀접한 관계가 있다. 인간관계를 제대로 관리하면 일은 더욱 쉬워진다. 만약 타인이 정말로 지옥처럼 느껴진다면 문제는 그들이 아니라 당신이다. 사람이 아니라 일을 우선으로 여기고 성공을 위해 타인을 '짓밟는' 이들이 있다. 그

들은 성공을 거두기도 한다. 하지만 그런 방법을 쓰다가 혹독한 실패를 맛보는 이들도 있다.

- **말보다 생각이 먼저**. 생각보다 말이 앞서는 사람들이 있다. 입 밖으로 소리 내어 말하기 전에 먼저 꼼꼼하게 생각하라. 그렇지 못했다면 즉흥적으로 떠오른 생각이라는 사실을 분명히 밝힌 다음에 말하면 좀 더 너그러운 기준이 적용될 수 있다. 요령 있게 말하는 법을 알아야 한다.

- **자격증**. 앞에서 언급한 것처럼 자격증은 어느 정도 도움이 된다. 하지만 누구나 자격증을 가지고 있다면 어떻게 차별화를 둘 수 있을까? 앞에서 개성의 중요성을 언급했었다. 그런데 그보다 더 중요한 것은 인간관계 기술이다. 집단의 구성원으로 활동하기, 협상하기, 영향 끼치기, 듣기, 질문하기, 협동하기 같은 인간관계 기술은 정식으로 배우는 경우가 드물다. 하지만 그 기술이야말로 당신을 다른 사람들과 차별화시켜준다.

신용할 수 없다고 평가받을 때

행운의 조건 16에서는 7단계를 통해 까다로운 사람들을 대하는 방법을 소개했다. 이번에는 '누군가 내가 신용이 없다고 생각한다면 어떡하지?'라는 상황에 그 방법을 활용해보자. 이 상황을 선택한 데는 이유가 있다. 나는 지난 10년 동안 세미나를 100회도 넘게 열었다. 세미나에서는 참가자들이 익명으로 제기한 의사소통에 관한 문제를 살펴보는 시간을 가졌다. 그 시간에 가장 빈번히 제기되는 문제가 바로 신용의 부재였다.

상대방을 신용하지 못하는 수Sue라는 인물이 있다고 해보자. 다음은 그 상대방이 이 문제에 관해 떠올리는 내면의 대화다.

제1단계 문제가 무엇인가?

'수는 내가 신용이 별로 없다고 생각해.'

제2단계 증거는 무엇인가?

'수는 회의에서 항상 내 의견에 이의를 제기하고 토론을 할 때도 나와 시선을 마주치지 않아. 다른 사람들하고 같이 있을 때, 특히 회의에서 꼭 그래. 수가 다른 사람들 앞에서 내 존재와 생각을 진지하게 받아들이려고 하지 않는 것 같아. 하지만 신용 문제가 더 중요해.'

제3단계 나만 문제를 느끼는가, 다른 사람들도 느끼는가?

'나만 그렇게 생각하는 것 같아. 내 상사는 이런 문제를 나서서 해결해줄 위인이 아니니까 내가 알아서 해결하거나 그냥 넘기는 수밖에 없어.'

제4단계 관찰한 행동을 명확히 한다.

'사례가 몇 개나 있어. 지난주에 브레인스토밍 회의를 할 때 내가 아이디어를 제안하는 도중에 수가 반대했어. 또 내가 자료를 발표하고 있을 때도 가로막은 적이 있어. 내가 말하는 도중이라는 것도 의식하지 못한 것 같았어.'

제5단계 원인이 무엇인가?

'난 입사한 지 얼마 되지 않았어. 그녀가 경험을 중요시하기 때문일까, 아니면 나를 위협적인 존재로 보기 때문일까? 하지만 내 생각이 틀렸을 수도 있으

니까 항상 열린 마음을 가져야겠어.'

제6단계 **피드백을 준비한다.**

'수는 성격이 거친 편이니까 힘든 대화가 될 거야. 만반의 준비가 필요해. 나는 문제를 제기할 권리가 있고, 그녀는 자신을 방어하고 내 말에 귀 기울일 권리가 있어. 하지만 분명한 사례가 있으니까 그녀의 행동이 나한테 어떤 영향을 끼치는지 알려줄 수 있어. 쉽지는 않겠지만 그녀는 업무에 진지하게 임하는 사람이니까 나만큼 이 문제에 관심을 기울여줄 거야. 물론 아닐 수도 있어. 하지만 그래도 내 불편한 감정은 꼭 알려야 해. 그녀가 자기만의 방식으로 대응하도록 내버려둬야 해.'

제7단계 **피드백을 건네고 행동을 합의한다.**

"수, 안녕하세요. 서로에게 쉽지 않은 대화겠지만 당신과 꼭 할 말이 있어요. 당신이 팀 회의에서 내 의견을 진지하게 받아들이지 않은 적이 몇 번이나 있었어요. 예를 들면……"

이런 대화는 결코 쉽지 않다. 하지만 미리 계획을 꼼꼼하게 세우면 놀라운 결과가 나온다. 그리고 이것을 통해 상대방의 신용을 얻게 된다면 정말로 중요한 상황이 닥쳐도 미리 준비해서 꼭 필요한 말과 행동을 할 수 있을 것이다.

❀ *Summary!*

- 당신의 관점에 따라서 당신이 끼치는 영향력의 범위는 클 수도 있고 작을 수도 있다.

- 믿음과 신용이 있을수록 사람들은 당신에게 영향을 받으려고 한다.

- 믿음과 신용을 쌓으려면 시간이 필요하고 도중에 좌절할 수도 있다.

- 믿음을 쌓으려면 일관성과 확실함이 필요하고 사람들을 동등하게 대해야 한다.

- 신용은 기술과 지식, 경험, 이전의 성공에 좌우될 수 있다.

- 문화국가, 지역, 팀, 집단는 당신의 신용에 중요한 영향을 끼친다. 따라서 어떤 문화가 퍼져 있는지가 중요하다.

- 당신의 영향력을 강조하는 발언을 피하라"날 믿어". 오히려 영향력을 잃게 된다.

성공 나누기

"대회에서 이기면 팀원들끼리 '하이파이브'를 했죠. 배를 비롯해서 모든 마무리를 깔끔하게 해놓은 다음 우르르 술집으로 몰려가 진탕 마셨어요. 그런데 그런 축하 방법은 오히려 감정을 메마르게 하더군요. 지금은 팀원들하고 곧바로 성공을 축하하려고 해요. 감정을 바로 표출하는 거죠. 승리를 통해 우리의 관계가 평생 이어질 거라고 말하죠. 감정을 드러내는 게 가장 중요해요. 제가 1992년에 금메달을 땄을 때는 어떻게 축하해야 하는지도 몰랐어요."

_그레그

이번 행운의 조건은 분량이 가장 짧은데, 당신과 타인의 '분위기'에 관한 것이다. 그리고 보다 나은 분위기를 만드는 세 가지 간단한 방법도 소개한다.

우선 그 두 가지는 바로 '칭찬'과 '감사'다. 당신은 분명히 그러고 싶어질 테니 해야만 한다. 진정성이 없으면 누구나 바로 알아챈다. 사람들은 시간을 내어 자신을 기억해준 이들을 가장 잘 기억한다. 당신도 마찬가지일 것이다. 그렇기에 타인이 당신을 위해 해준 일을 칭찬과 감사로 인정해줘야만 한다. 그리고 마지막으로는 바로 성공을 축하하는 것이다.

칭찬

행운의 조건 6은 피드백을 받는 것과 배움의 중요성을 이야기한다. 그것은 개선의 여지가 있을 때의 피드백에 초점을 맞춘다. 칭찬은 마땅히 그럴 자격이 있는 사람에게 무료로 줄 수 있는 피드백이다. 직장에서는 관리자들만 칭찬을 할 수 있다고 생각하는 경우가 많다. 하지만 칭찬은 개인이 인간관계를 관리할 때 따르는 책임이기도 하다.

- **노력을 칭찬하라.** 잘한 일을 떠올려보면 그때의 기분이 느껴지고 어떻게 잘할 수 있었는지도 생각날 것이다. 힘든 일을 잘해냈을 때 대개는 '열심히

노력한 덕분이었어' 또는 '엄청나게 집중해야만 했지'라고 생각할 것이다. 다른 사람들도 마찬가지다. "네가 얼마나 열심히 노력했을지 알아"나 "정말 쉽지 않은 일이지" 같은 말로 타인의 노력을 칭찬해준다.

- **구체적으로 언급한다.** 타인이 한 일을 구체적으로 언급해서 칭찬한다. 당신이 '잘했다'는 말을 듣는다고 해보자. 분명히 '무엇을' 잘했는지 듣고 싶을 것이다.

감사

인간관계를 돈독하게 하는 또 다른 방법은 '고맙다'는 말로 타인을 인정해주는 것이다. 어떤 환경이든 타인이 당신을 위해 해준 일을 알아주는 것은 바람직하다. 하지만 요즘은 감사의 말을 흔히 들을 수 없게 되어버렸다. 한 예로, 나는 축구 선수들이 골을 기록하고 축하하기 위해 뛰어가거나 관중들의 지나친 칭찬이나 숭배를 받으려는 모습에 놀란다. 수비나 패스를 잘한 선수들도 똑같이 영웅인데 그들은 전혀 인정을 받지 못한다.

오래된 남녀관계나 부부는 친밀함을 핑계로 일상에서 서로 고마움을 표현하는 것을 잊어버린다. 직장에서도 시간이 부족하거나 빨리 다른 프로젝트로 넘어가야 하는 등 여러 이유로 친절한 감사의 말을 잊고 산다.

그 이유는 다음의 두 가지 때문이다.

- **쓸데없이 큰 자아.** '넌 나를 위해 마땅히 그 일을 해야 하고 그게 바로 너의 할 일이야'라는 사고방식을 말한다. 자신이 세상의 중심이라고 생각하는

사람의 관점이다.

- **당연하게 여김.** 직장동료나 스포츠 팀원들, 취미 활동을 함께하는 사람들, 친구, 배우자 등과 오랜 시간을 보낼수록 그들의 존재를 당연하게 받아들이기 쉽다. 자신도 모르게 그런 습관이 생길 수 있다. 더 이상 타인의 필요에 관심을 기울이지 않게 되었다는 뜻이기도 하다.

칭찬과 마찬가지로 감사에는 돈이 들지 않는다. 진지한 마음만 있다면 칭찬을 통해 타인과 쉽게 유대관계를 맺을 수 있다. 당신이 일부러 시간을 내어 고마움을 표시해준 사실에 상대방은 기뻐할 것이다. 당신도 직접 느껴본 적이 있으므로 상대방의 기분을 짐작할 수 있다.

성공

2시간 동안 이어지는 회의에서 어떤 내용이 오고가는지 분석해보라. 회의에서는 대부분 문제 해결책에 대한 논의가 이루어진다. 또한 스포츠 팀원들은 지난 경기에서 잘한 일보다 잘못한 일에 대해 논의한다.

반대로 잘못된 점보다 잘한 점에 초점을 맞춘다고 생각해보자. 물론 실수에서 많은 가르침을 얻을 수 있지만 성공을 돌아보고 가르침을 얻으면 효과적인 동기부여가 된다.

당신의 자아는 잠시 접어두고 타인의 성공을 인정해주어라. 진지하고 자연스러워야 한다. 특히 당신과 전혀 관계가 없는 성공일수록 감사의 말은 위력을 가진다. 타인의 성공에 대한 칭찬을 당신이 가로채서는 안 된다. 성공의 기분과 의미를 새겨봄으로써 다음번에도 성공을 이끌어낼 수 있다. 더욱 원하게 되기 때문이다.

개인의 성공인 경우에는……
행운의 조건 15에서 심리학자 마틴 셀리그먼이 매일 잠들기 전에 그날의 세 가지 작은 즐거움을 떠올린다고 소개했다. 마찬가지로 가끔씩 그날의 세 가지 작은 성공에 대해 떠올려보자.

🍀 *Summary!*
- 칭찬과 감사는 조금만 시간을 들이면 무료로 할 수 있다.
- 칭찬과 감사는 긍정적인 분위기를 만들어준다. 누구나 자신을 알아주고 기억해주는 것을 좋아하기 때문이다.
- 진심을 보인다.
- 구체적으로 언급한다.
- 잘못한 것뿐만 아니라 잘한 것도 떠올린다.

제 7 장

기회

'기회는 당신이 할 수 있는 모든 일에 노출되는 것이다. 가끔 학교로 강연
을 하러 가서 학생들을 보면, 무슨 일이든 할 수 있는 창의성 그 자체가 있
다는 사실조차 배우지 못한 것처럼 보인다.

_광고계의 대가이자 열린 사고의 옹호자, 존 헤가티John Hegarty

이 장에서 살펴볼 행운의 조건

행운의 조건 20 기회 포착하기

기회는 어디에나 존재한다. 하지만 사람들은 바쁜 일상 때문에 기회를 보지 못하고 삶의 무한한 가능성을 놓쳐버린다. 사람들이 비행기 창문으로 내다보이는 맑은 하늘 아래 펼쳐진 세상에 '감탄'하는 이유도 그 때문일 것이다. 저 아래 수많은 사람이 과연 무엇을 하고 있을지 상상력이 발동된다. 하지만 그 경이로움은 공항에 도착해 북적거리는 사람들 틈에서 짐을 찾고 호텔이나 집으로 향하는 사이 온데간데 사라져버린다. 기회로 가득한 세상에서 일상에 치이느라 무한한 가능성을 보지 못하는 것이다.

조금만 과거로 거슬러 올라가보면 당신이 지금 하고 있는 일들이 모두 새롭게 포착한 하나의 기회에서 비롯되었음을 알 수 있다. 직장에 지원했거나 새로운 취미를 시작했거나 상상력이 가져다준 깨달음으로 어떤 일을 하게 되었거나 등이다. 혹은 그보다 멀리 거슬러 올라가 학창시절에 가입한 동아리 덕분에 평생의 취미가 생겼을 수도 있다. 다시 말해서 당신은 기회를 보았고 잡은 것이다.

행운을 부르는 습관은 기대에서 벗어난 곳에 있는 기회를 포착하는 데서 시작한다. 기회를 찾을 수 있는 가능성은 무한하다. 언제 어디서든 찾을 수 있다는 말이다. 으레 사람들은 몸이 불편할 때, 즉 확실히 문제가 있을 때만 의사를 찾아간다. 마찬가지로 행운을 부르는 습관을 갖추지 못한 사람은 반응이 꼭 필요할 때만 행동하는 경향이 있다. 심지어는 그럴 때조차 가만히 있는 사람들도 있다. 반면 행운을 부르는 습관을 가진 사람들은 특별한 이유가 없을 때도 행동을 한다. 심각한 문제나 위기가 없어도 기본적으로 생각하며시 내면의 대화를 이용 행동한다. 이 장의 제목이 '기회 포착하기'인 이유도 그 때문이다.

기회 포착하기

지금까지 이 책의 내용은 당신이 이미 하고 있는 일을 더 잘하고 싶어 한다는 추측을 바탕으로 했다. 하지만 무언가 새로운 일을 시작하고 그것을 잘하고 싶은 마음에 이 책을 읽는 사람들도 있을 것이다. 이 장에서는 새로운 시작을 위해 기회를 포착하는 방법을 세 부분으로 나누어 소개한다.

- **준비하기.** 이미 존재하는 기회를 포착할 수 있도록 준비하는 것.
- **만들기.** 상상력을 이용해 자신과 타인을 위한 기회를 만드는 것.
- **행동하기.** 포착한 기회를 행동으로 옮기면 어떻게 될까?

준비하기

기회가 생기기 쉬운 상태에 놓여 있을수록 기회를 포착할 가능성도 높아진다. 즉 다양한 경험을 하면서 활발하게 활동할수록 뇌가 새로운 가능성을 포착할 '준비'가 갖춰진다. '일찍 일어난 새가 벌레를 잡는다' 또는 '행운의 여신은 용감한 자의 편이다' 같은 옛말도 그 사실을 뒷받침해준다.

뇌는 새로운 경험이 가져다주는 자극을 즐기므로 이후에 똑같거나 비슷한 자극이 일어났을 때 더욱 쉽게 반응하게 된다. 새로운 자극은 우연히 일어날 수도 있고 전혀 예기치 못할 때 일어나기도 한다. 예를 들면 처음에는 내키지 않았던 모임이 오랫동안 고대했던 파티보다 훨씬 즐거울 수도 있다. 사람들은 대부분 에너지를 새롭게 충전해주는 새로운 경험으로 뇌에 신선한 자극을 선사할 필요가 있다.

기회를 포착하고 싶다면 원대한 가능성의 세계에 더욱 민감해지도록 뇌를 준비시켜야 한다. 다음은 기회 포착의 준비 상태에 돌입하는 데 도움이 되는 세 가지 기술이다.

어디에나 존재함

정말로 기회는 어디에나 존재한다. 문제는 생각의 고삐를 늦춰야만 기회를 포착할 수 있다는 것이다.

작가 로저 본 외흐Roger von Oech는 탐험가의 자세로 기회를 포착하라고 말한다. 탐험가는 좀 더 흥미로운 것을 찾기 위해 앞은 물론이고 주변 구석구석까지도 놓치지 않는다. 제1장에 수록된 질문들 중에도 그 점을 분명히 해주는 은유적인 질문이 몇 가지 있다. 길을 걷다가 위를 올려다본 적이 있는지, 계속 한 방향으로만 시선을 고정하는지 묻는 질문도 그중 하나다. 내 오래된 이웃 중 한 명은 우리 동네에 줄지어 선 주택들이 1856년에 지어졌다는 사실을 몰랐다. 길 맨 끝에 위치한 어느 집의 벽 위에 걸린 명판만 봐도 알 수 있었을 텐데, 그녀는 좀처럼 위를 올려다본 적이 없었던 것이다^{그 길에는 겨우 여섯 가구밖에 없는데 말이다}. 시야를 넓히면 볼 것이 무한하게 많다.

창조성에 관한 글을 쓰는 저자 마크 브라운은 기회를 백색광처럼 어디에나 존재하는 것이라고 말한다. 나는 기회가 인터넷의 검색 엔진과 같다고 생각한다. 검색창에 단어 하나만 치면 수없이 많은 가능성들이 쏟아지기 때문이다. 처음 몇 페이지는 가장 정확한 자료들이 나오기 마련이다. 하지만 때로 8이나 9, 10페이지를 보면 정말로 흥미로운 답이 있는 경우가 있다. 제1장에도 그런 질문이 나왔다. 당신은 첫 페이지만 살펴보는가, 뒤 페이지까지 보는가? 뒤로 갈수록 당신이 입력한 검색어가 흥미롭게 해석되어 있음을 볼 수 있다. 살펴볼 준비만 되어 있다면 보석 같은 사이트를 찾을 수 있고 그것이 새로운 발견으로 이어지기도 한다. 한마디로 호기심을 가지고 남들보다 좀 더 열심히, 좀 더 멀리 보라는 말이다. 작가이자 비평가인 도로시 파커Dorothy Parker는 이렇게 말했다. "지루함의 치료법은 호기심이지만 호기심의 치료법은 없다."

기회는 빅뱅 이론에서 말하는 우주와도 같다. 우주는 상상조차 할 수 없을 정도로 작은^{양성자의 10억 분의 1} '특이점'에서 나왔다. 빅뱅은 137억 년 전이 지난 지금까지도 계속 되고 있다. 빅뱅 이론에 기회를 비교해보자면, 당신이 처음 기회를 발견하고 붙잡으면 무한한 가능성이 펼쳐질 수 있다. 당신만의 빅뱅이 일어나는 것이다. 거기에서부터 모든 것이 바뀔 수 있다.

장벽 파괴

'전 언제까지고 비행을 사랑할 거예요. 조종사가 되기까지 너무 험난한 길을 걸어왔기 때문에 도저히 사랑이 식으려야 식을 수가 없어요. 하지만 전 새로운 기회도 사랑해요. 그래서 주변을 항상 바라보고 있죠. 조종사가 되기 위해서 기회를 붙잡아야 했는데 그 덕분에 모든 기회에 예민해질 수 있었던 것 같아요. 3년 전에 제 결혼식에서 하객들을 위해 달콤한 디저트를 직접 만들어 선물했어요. 그런데 그 후 자기 결혼식에도 만들어달라는 사람들의 전화가 많이 왔어요. 학창 시절부터 오랜 친구인 새라와 함께 특별한 행사를 위한 디저트를 만드는 사업을 시작하기로 했죠. 사업은 잘 되고 있고 곧 더블린에 첫 번째 매장을 열 계획이에요. 직업이 조종사라고 그것만 하라는 법은 없잖아요. 세상에는 제가 할 수 있는 일들이 많이 있고 적어도 그중에서 몇 가지는 꼭 행동으로 옮겨봐야 한다고 생각해요."

_버니스

기회는 공장에서 찍어내듯 만들어지지 않는다. 새로운 상황에서 가능성을 감지할 수 있는 사람한테만 보인다. 앞부분에서 67세의 나이에 노래를 시작해 런던 필하모니 합창단의 단원이 되어 전 세계를 다니며 공연을 펼치는 헬렌을 소개했다. 그 밖에도 나는 멕시코 출신으로 거리의 혁명을 이끌었다가 미국 최고 대학의 교수가 된 사람도 알고, 자원봉사자로 세계 7대륙에서 각각 가장 높은 산봉우리 7개를 등정한 사람도 알고 있다. 어쩌면 당신도 그런 사람을 알고 있을지도 모른다. 그들은 모두 지금껏 가보지 않은 곳으로 가봤기에 새로운 기회를 포착할 수 있었다.

기회를 포착하기 위해서는 다음 네 가지 장벽을 무너뜨려야만 한다.

- 부정확한 자기인식
- 기회가 특정한 사람들을 위해서만 존재한다는 생각
- '나는 옳고, 그걸 증명할 수 있어' 같은 태도
- 빈약한 논리

행운을 부르는 습관이 대부분 그러하듯 자기인식이 출발점이 되는데, 그중 많은 사람이 잘못된 자기인식에 사로잡혀 있다. 결과적으로 바로 눈앞에 있는 진짜 기회조차 보지 못하고 잘못된 기회를 붙잡는다.

덫은 사방에 있을 수 있다. 당신은 현재의 직업으로 자신을 정의하지 않는가? 버니스의 말대로 그녀가 조종사라고 해서 특별한 모임을 위한 디저트 사업을 하지 말라는 법은 없다. 실직자들은 그저 자신을 실직한 트럭운전사 또는 실직한 보험회사 직원 등으로 표현하는 경우가 많다. 마치 그 직업만이 자신이 할 수 있는 유일한 방법인 것처럼 말이다.

행운을 부르는 습관을 기르려면 당신의 세계와 거기에 끼치는 영향력은 물론이고 자기 자신에 대한 이해가 '적절하게' 있어야 한다. 여기서 '적절하게'라고 말하는 이유가 있다. 자신을 지나치게 분석하다 보면 꽉 막혀서 이러지도 저러지도 못할 수도 있기 때문이다.

당신은 자신에 대한 추측을 하듯 기회에 대해서도 추측한다. 예를 들어 당신이 생각할 때 기업가는 외향적이고 언제나 아이디어가 넘치는 사람이라고 한다고 해보자. 자신이 그렇지 못한 성격이라면 절대로 기업가가 될 수 없다고 생각할 것이다. 하지만 기업가 중에는 내향적이고 스스로 아이디어를 내기보다 타인의 아이디어를 개발하는 데 뛰어난 사람들도 많다.

사람들은 현재의 관점을 확인해주는 것들에 기울어지는 경향이 있다. 이미 믿는 것을 확인해주는 신호를 찾으며 그렇지 않은 것은 지나쳐버린다. 그러다 보면 정체 현상이 발생하게 된다. 눈에 보이는 것만 보고, 보고 싶은 것만 보게 된다.

"모든 것이 변할 때 당신은 제로로 돌아간다"라는 말을 들어본 적 있는가? 자신의 기술이 시대에 뒤쳐진다는 사실을 알아차리지 못하는 것이다. 민간 기업 부문에 몸담고 있으면서 스스로의 성공에 눈이 멀어 신생 기업이 치고 올라오는 것을 눈치채지 못할 수도 있다. 정체는 '나의우리의 방식' 같은 표현에서도 나타난다.

몇 해 전 〈칸다하르Kandahar〉라는 예술 영화를 본 적이 있다. 영화는 아프가니스탄의 칸다하르에 사는 여동생을 만나기 위해 이란과 아프가니스탄을 여행하는 한 젊은 여성의 이야기를 그린다. 시종일관 암울한 분위기이지만 놀랍도록 긍정적인 젊은 남자가 이렇게 말하는 장면이 나온다. "하지만 벽이 높다 한들 하늘은 벽보다 높지요."

그는 기회가 전혀 없는 아프가니스탄'벽'에 있기 때문에 사방의 모든 기회'하늘'에 예민해질 수 있었다. 19세기 후반에서 20세기 초반에 위대한 기대를 잡은 미국인들 중에 정작 미국 출신이 아닌 사람들이 많은 이유도 그 때문이다. 그런데 왜 하늘, 즉 기회의 땅에 살면서도 왜 그 안에 벽을 만들려는 사람들이 많은 것일까?

투쟁

2010년까지 약 50년 동안 평범한 일보다는 비현실적인 일이 더 많이 일어났다. 대부분의 서구 사회에서는 의료보험 제도와 무상교육, 국가연금, 사회보장 연금이 마련되었고 간편한 신용거래가 가능해졌으며 사람들에게 좋은 집과 자동차도 주어졌다. 사회 개혁에 의해 요람에서 무덤까지 필요한 것들이 공급되었다. 하지만 지금은 상황이 많이 달라졌다. 사실상 그렇게 '안락한' 시절로는 다시 되돌아갈 수 없을 것으로 보인다.

언제까지나 편안할 것이라고 추측했던 삶이 흔들리고 있다. 연금처럼 아예 사라져버린 것들도 있다. 하지만 이전 세대들에게는 우리가 자연스럽게 만끽해온 '연착륙' 자체가 존재하지 않았다. 그들은 온통 불확실한 것들과 투쟁해야만 했다. 생존을 위해 아이디어, 즉흥성, 독창성을 비롯한 인간의 뛰어난 특성을 백분 활용해야만 했고 자립심을 키워야만 했다.

당신은 현대인의 생활에서 빠뜨릴 수 없는 부드러운 세 겹 화장지 대신 사포를 쓴다는 생각을 해본 적이 있는가? 물론 그런 일은 없을 것이다. 하지만 지금 우리에게는 이전 세대들이 생존을 위해 사용했던 투쟁 기술이 필요해졌다. 기회를 포착하고 최대한 활용할 준비를 해야만 한다. 우리 자신을 대비시킬 필요가 있는 것이다. 지금처럼 행운을 부르는 습관이 간절히 필요한 때는 없었다.

기회에 대비하려면 분별 있게 생각하고 모호함과 역경에 적극적으로 대처해야 하며, 생각과는 다른 기회라면 즉석에서 융통성을 발휘할 수 있어야 한다.

❋ *Summary!*

- 힘든 때일수록 기회를 포착하는 민감성과 기회를 만들어내는 상상력이 중요하다.
- 기회는 어디에나 존재한다. 기회를 볼 수 있도록 몸과 마음을 대비할 수 있는가?

- 당신이 '선택'하는 만큼 '보인다'.
- 잘못된 장벽지식이나 기술, 적합성의 부재으로 미래의 기회를 가로막지 마라. 기회는 누구에게나 있다.
- 기술을 계속 갈고닦아라.
- 질문을 하라. '나의 현재 방식과 완전히 다른 방식을 추구하는 사람이 있는가? 그들은 어떻게 도전하고 있는가?'

만들기

기회 포착은 창조성의 형태이다. 여기에서는 기회를 만드는 세 가지 방법에 대해 살펴본다. '준비하기'에 필요했던 도구에서 이어지며 중복되는 것들도 있다.

연습

배움과 수행에 관한 장에서 목적이 있는 연습을 강조했던 것과 비슷하다. 무언가를 잘할수록 더 잘 수 있는 기회가 많이 열리는 법이다. 그리고 실력이 향상될수록 실력을 활용할 방법이 많이 보인다. 빌 게이츠나 스티브 잡스 같은 사람들은 1970년대에 컴퓨터 기술에 완전히 빠져서 차고나 방, 부엌 등에 틀어박혀 쉴 새 없이 연습에 연습을 거듭하였고 결국 그들은 미래의 선구자가 되었다. 비록 단적인 사례지만, 끈기와 목적이 따르는 연습을 통해 실력을 갖추면 더 많은 기회가 보인다는 사실을 알 수 있다.

아무것도 하지 않는 사람에게는 아무런 일도 일어나지 않는다.

협동

세상은 1800년대 이후로 창조에 관한 위인 이론과 함께 발전해왔다. 그 이유를 짐작해보기는 어렵지 않다. 종교가 있는 사람은 절대적 창조자를 유일한 남성적 존재로 생각할 것이다. 특히 기독교에서는 수염이 있는 완전한 남성을 내세움으로써 '위인' 이론을 극단적으로 받아들였다. 이후 19세기 들어 알렉산더 그레이엄 벨, 이점바드 킹덤 브루넬, 토머스 에디슨 같은 사람들 덕분에 눈부신 기술의 도약이 이루어졌다. 그래서 문제 해결을 위한 것이든 기회를 최대한 이용하기 위한 것이든 훌륭한 아이디어란 개인의 기적 같은 깨달음의 순간에서 나온다는 믿음이 생겼다. 그리고 이 믿음은 20세기에도 계속 되었다. 또한 20세기의 노예 해방과 여성 해방은 훌륭한 아이디어를 떠올릴 수 있는 자유가 성별에 구애받지 않음을 보여주었다.

하지만 세계에 등록된 특허만 봐도 개인이 영감을 얻는 순간이 흔하지 않음을 알 수 있다. 영감의 순간에 의존해 문제를 해결하거나 기회를 만들려고 하는 것은 신뢰할 수 없는 방법이다. 물론 어쩌다 영감의 순간이 찾아올 수도 있지만 힘들 때 얼마든지 쉽게 활용할 수 있는 방법은 못 된다. 영감이 떠오르지 않을 수도 있기 때문이다.

훌륭한 아이디어는 대개 협동 과정에서 나오며 실제 가치를 가진 것으로 발전하기까지는 시간이 필요하다. 행동에 옮긴 사람은 한 명일 수 있지만 생각에 생각을 더해야만 하나의 아이디어가 만들어지고 기회가 생긴다. 한 사람이나 집단이 실행에 옮김으로써 기회는 눈에 보이는 해결책이 된다. 협동을 통해 당신의 아이디어를 발전시키고 타인의 임의적인 생각을 참고^{해물론 훔치는 것과는 다른 개념이다} 기회를 만드는 것이야말로 진짜 기술이다. 집단의 구성원으로서 새로운 기회를 찾으려고 노력 중이라면 다음을 꼭 기억해야 한다.

- **알림**. 사람들에게 생각할 시간을 준다. 즉각적인 대답을 기대하지 마라. 앞에서 언급한 것처럼 자신은 물론 타인에게도 생각할 시간이 필요하다.
- **외부인**. 협동하는 사람들 중 일부는 다른 관점을 가진 외부 사람들이어야 한다.
- **공동 목표**. 창조의 동기가 똑같은 사람들과 협동해야 한다. 같은 목표를 가졌거나 기꺼이 도울 의향이 있어야만 동기가 부여된다.
- **절대로 만족하지 마라**. 어떤 아이디어를 액면가 그대로 받아들이지 않는다. 좀 더 보완하거나 구체적으로 만들 수 있을지 모른다. 모든 방안을 모색해서 보다 나은 아이디어를 계속 찾는다. 아이디어 개발 과정에서는 사람이 많을수록 유리하다.
- **마음을 열어라**. 타인의 아이디어를 기꺼이 받아들이고 진지하게 반응한다. 비판은 되도록 하지 않는다. 비판으로 반응하면 사람들이 더 이상 아이디어를 내려고 하지 않을 것이다.
- **노고를 인정하라**. 남의 아이디어를 훔치지 마라. 노고를 인정해주지도 않는 사람과 협동하고 싶어 하는 사람은 없다.

천상의 생각

'별을 향해 조준하면 달을 맞추게 된다'는 옛말이 있다. 하지만 달을 향해 조준하면 지구의 대기권을 벗어나지 못할지도 모른다. 미셸의 말에서도 그 예를 확인할 수 있다.

"1990년대 초반에 컴퓨터가 사무실에 일반적으로 보급되면서 컴퓨터를 다루는 기술이 사무직의 필수가 되었죠. 저는 경제적으로 어려운 사람들에게 무상으로 컴퓨터 기술 교육을 실시하는 여러 단체와 일했어요. 예를 들면 직장으로 복귀하려고 하는 여성들 말이죠. 당시에는 컴퓨터가 무척 비쌌기 때문에 우린 새 컴퓨터를 살 여건이 되지 않았어요. 그런데 당시 런던 시내에는 기업들이 컴퓨터를 내다버리는 일이 흔했어요. 그래서 저는 기업들을 직접 찾아다니면서 안 쓰는 컴퓨터를 구했어요. 그러던 어느날 쿠퍼스 앤 라이브랜드Coopers and Lybrand에서 '컴퓨터가 몇 대나 필요한가요?'라고 묻기에 '몇 대나 있으신데요?'라고 되물었죠. 많아야 10대 정도겠거니 했는데 글쎄, 천 대나 있다는 거예요. 그걸 계기로 사회사업을 시작할 기회가 생겼죠."

미셸은 그 일이 그때까지 해본 가장 기업가다운 일이었다고 말한다. 현실적으로 생각하는 것도 중요하지만 시야를 너무 낮추면 막대한 기회를 놓칠 수 있다. 감정에 치우친 동기는 때로 비현실적인 수준까지 기대치를 높여놓기도 하지만 그 어느 때보다 앞으로 멀리 나아갈 수 있도록 해준다. 지금까지 살펴본 것처럼 행운을 부르는 습관에서는 자기실현적인 예언이 큰 부분을 차지한다. 하지만 목표를 너무 낮게 잡아도 안 된다.

별을 향해 조준하는 것과 순전한 환상을 목표로 하는 것은 다르다. 빌 게이츠와 스티브 잡스는 세계 최고의 기업을 만드는 것을 목표로 하지 않았다. 80세의 나이에 올림픽 100미터 달리기에서 우승하는 일은 불가능하다.

❀ *Summary!*

- 무언가에 진정으로 몰입하면 새로운 통찰과 가능성이 생겨나 항상 열린 자세를 유지할 수 있다.
- 타인과의 협동을 통해 아직 완성되지 않은 아이디어를 발전시킬 수 있다.
- 목표는 높게 잡는다. 틀에 박힌 목표가 아니라 도무지 가능하다고 생각되지 않을 정도로 큰 목표를 세운다.

행동하기

이제 당신은 기회에 열려 있도록 준비하고, 앞을 가로막는 장벽을 파악하고, 기회를 만드는 방법을 배웠다. 그다음에는 결정을 내리고 행동으로 옮겨야 한다. 주변의 수많은 기회 중에서 당신은 어떤 것을 택하겠는가? 무엇이 가장 분별 있어 보이는가? 당신에게 적합한 것은 무엇인가? 새로운 세상으로 들어온 이상 적응해야만 한다. 한 번 열린 기회의 문은 좀처럼 닫히지 않는다.

"젊었을 적에 중요한 결정을 내려야만 했던 순간이 있었어요. 전 몇 년 동안 아일랜드 춤을 췄는데 20대 초반에 로드 오브 더 댄스Lord of the Dance로부터 일자리를 제안받았어요. 정말 좋은 기회였죠. 하지만 당시 조종사가 되기 위한 훈련을 받고 있었어요. 이미 많은 돈과 노력을 쏟아부은 상태였죠. 흔히 말하듯 그때 전 제 별을 따라가고 있었어요. 조종사가 되는 게 장기적으로 안정적인 길이라고 생각했죠. 로드 오브 더 댄스는 단기적인 커리어였으니까요. 하지만 꼭 그것 때문은 아니었어요. 전 하늘을 나는 게 정말 좋았거든요. 전 가슴이 이끄는 대로 따라갔고 분별 있는 선택도 내릴 수 있었죠. 만약 비행에 대한 사랑이 없었다면 다른 선택을 내렸을 거예요. 지금까지 그 선택을 단 한 번도 후회한 적이 없어요."

_버니스

버니스의 이야기를 통해 의사결정 단계에서 중요한 두 가지 '실행' 요소를 찾을 수 있다.

- **온전한 '머리'.** 정확하고 이성적인 사고와 위험 평가.
- **온전한 '가슴'.** 생각이나 기회를 행동으로 옮기게 해주는 감정적인 동기.

온전한 머리

버니스의 경우, 그녀의 머리는 '조종사가 되면 장기적인 안정성이 보장된다'고 말하고 있었다. 생각 없이 무턱대고 뛰어드는 것은 언제든 좋은 결정이 못 된다. 명확하게 생각해야만 꼭 필요한 질문을 떠올릴 수 있다. 이 경험이 나에게 무엇을 말해주고 있는가? 누가 나를 도와줄 수 있는가? 어떻게 해야 이 일을 위한 시간을 낼 수 있는가? 경제적으로 어떤 문제가 따르는가? 방해물을 분명하게 가려낼수록 목표를 달성하기가 쉬워진다.

투자의 대가 워런 버핏은 자신이 무엇을 하고 있는지 모르는 것이 위험이라고 정의했다. 하지만 때로는 자신이 모든 것을 알지 못하고 알 수도 없다는 사실을 인정할 필요가 있다. 만약 완벽한 정보가 있어야만 완벽한 결정을 내릴 수 있다면 그 누구라도 결코 아무것도 할 수 없을 것이다. 다시 말해 위험은 언제나 따른다. 분석가들은 경제 위기를 분석하고 약점을 발견해낸다. 당신이 할 수 있는 일은 최악의 상황을 대비한 계획을 세워서 위험을 줄이는 것이다. 미리 생각해보고 시나리오를 세워두면 도움이 된다.

온전한 가슴

당신이 내리는 결정에서 가슴은 얼마나 많은 부분을 차지하는가? 억지로는 불가능한 일이다. 일반적으로 어떤 일에 유대감과 '친밀성'을 느껴야만 가능하다 행운의 조건 1참고. 하지만 때로는 주변 사람들이 주는 활력처럼 외부적인 요소가 동기를 부여하기도 한다. 어떤 길을 가야 할지는 이성적인 사고로 결정할 수 있지만 그 길로 나아가기 위한 동기를 부여하는 것은 감정적인 요소다. 가슴의 역할은 또 있다. 당신이 선택한 길이 올바른지 판단하는 직관을 선사한다. 직관은 맞을 때도 있고 틀릴 때도 있지만 의사결정에서 중요한 분석 도구가 된다.

온전한 가슴머리

올바른 평가를 위해서는 체계적인 분석머리과 감정적인 원동력가슴이 합쳐져야 한다. 나는 그것을 가리켜 '가슴머리'라고 부른다. 딱딱한 것과 부드러운 것이 합쳐져야 발전이 있으며 기회를 최대한 활용할 수 있다. 사람들은 대부분 머리나 가슴 중 하나에 치중하는 경향이 있다. 하지만 하나를 완전히 무시해서는 안 된다.

새로운 언어

모는 동료들에 비해 늦게 기타를 배우기 시작했지만 '최고'의 재즈 기타리스트 반열에 올랐다. 어느새 그는 예전에 알던 이들과는 차원이 다른 실력을 가진 새로운 뮤지션들과 공연을 하게 되었다.

> "제가 그들의 언어를 모른다는 사실을 깨달았어요. 빨리 그들의 언어를 배우지 않으면 살아남지 못한다는 걸 알았죠. 그래서 빨리 배웠어요. 그들의 언어를 배우고 적응했죠. 새로운 기회에 적응하는 법을 배워야 합니다."
>
> _모

자신보다 실력이 뛰어난 사람들과 있으면 움츠러들거나 영감을 얻거나 둘 중 하나다. 앞에서 모는 배움의 '모델'을 찾는다고 이야기했다_{행운의 조건 7 참고}. 그는 새로운 환경에서도 그 법칙을 적용했다. '자신'의 모습_{애초에 기회를 얻을 수 있었던 당신의 특징}을 잃지 않는 동시에 새로운 환경에 적응하려 한다.

미셸도 새로운 환경에서 적응할 필요성을 느낀다. 그녀는 자신이 만든 기회를 최대한 활용하기 위해 말 그대로 언어를 바꾸었다.

> "컴퓨터들을 구한 다음에는 공간이 필요했어요. 집주인에게 수익의 일부를 나누는 대가로 지하실을 빌려달라고 부탁했어요_{훗날 집주인은 미셸의 남편이 되었다!}. 기업체에서 인수한 중고 컴퓨터를 저소득 가정에 공급하기 시작했죠. 하지만 사업 규모는 그다지 크지 않았어요. 그러던 어느날 루턴에 있는 어느 기업체가 작업 공간을 마련해주겠다고 제안했어요. 우리 사업을 발전시킬 기회였죠. 그런데 당시 시장을 분석해보고 제가 정반대의 관점으로 보고 있다는 사실을 깨달았어요. 기금 모금을 늘리는 데 힘쓸 게 아니라 판매량을 늘려야 한

다는 것을 말이에요."

미셸은 초점을 '기금 모금'에서 '판매실적 향상'으로 바꿔 생각한 덕분에 단순한 자선단체에서 상업적인 토대를 갖춘 탄탄한 자선단체로 변신을 꾀할 수 있었다. 물론 핵심 가치는 그대로 간직한 채였다. 그것이 큰 차이를 만들었다.

두 가지 핵심을 정리하면 다음과 같다.

- 새로운 언어는 꼭 타인의 것이 아닐 수도 있다모의 경우는 타인의 것. 당신이 직접 언어를 바꿀 수 있다.
- 적응은 타인에게 적응해서 발전을 이루거나 원래의 생각을 보다 나은 것으로 발전시킬 준비를 한다는 뜻이다.

열린 기회의 문

한 번 기회의 문이 열리고 난 후 기회가 계속 찾아오는 경험을 한 적이 있는가? 아무리 바쁜 일상생활에서도 그런 경험은 즐거움으로 기억된다.

행운을 부르는 습관을 가진 사람들은 하나의 기회가 또 다른 기회를 만들어준다는 사실을 잘 안다. 운명론자들은 그것을 '뜻밖의 행운serendipity'이라고 부른다. 뜻밖의 행운은 '행복한 사고'라고 표현할 수도 있다. "그는 때맞춰 그 장소에 있었던 거야"나 "그건 운명이었어"라는 말도 같은 의미다. 하지만 그렇게 생각하는 순간 기회에 이르는 길에서 당신의 발자국을 지우는 것이나 마찬가지다.

모 나잠이 선구적인 재즈 기타리스트 모임인 재즈 워리어스에서 연주하게 된 것은 훌륭한 기타리스트가 되고자 열심히 노력한 결과, 전문적인 음악성을 갖추었기 때문이다. 우연 덕분이 아니라 그의 노력이 기회의 문을 활짝 열어준 것이다.

　새 자동차를 샀다고 생각해보자. 새 자동차를 몰고 나간 순간부터 도로에 온통 당신과 똑같은 차들이 눈에 띄기 시작한다. 원하는 길을 가고자 무던히 노력하면 그 길에 놓인 모든 기회가 보이기 시작한다. 설사 보이지 않더라도 기회가 당신을 찾아온다. 모의 말을 들어보자.

　"저보다 뛰어난 뮤지션들과 함께하게 되었습니다. 오랜 친구이자 베이스 연주자인 웨인 배철러Wayne Batchelor 덕분에 1980년대의 유명한 영국 재즈 그룹인 재즈 워리어스와 인연이 닿았어요. 코트니 파인Courtney Pine이 만든 그룹인데 몽데지르Mondesir 형제와 스티브 윌리엄슨Steve Williamson 같은 영국의 유명한 기타리스트들을 많이 배출했어요. 저한테 엄청난 기회가 찾아왔죠. 그 밴드의 멤버가 된 거예요. 물론 그들이 절 많이 봐준 덕분에 가능했다고 생각해요. 당시만 해도 전 다른 멤버들만큼 실력이 뛰어나지 않았거든요. 하지만 그들이 저를 마음에 들어 한 이유는 제 연주에 저만의 목소리가 담겨 있었기 때문이었어요. 제 연주에는 제 '퍼스낼러티personality'가 들어 있어서 남들과 다르게 들렸기 때문이죠. 저는 기술과 개성의 균형을 맞추는 게 중요하다고 생각하거든요."

아이프린트

상업적인 환경에 몸담고 있는 사람이라면 가치를 가진 새로운 아이디어의 중요성을 잘 알 것이다. 다음은 좋은 아이디어의 사례다. 아니, 좋은 아이디어가 또 다른 좋은 아이디어를 낳는 사례를 보여준다.

한번쯤 겨울에 장갑을 끼고 휴대전화를 사용해본 경험이 있을 것이다. 장갑 때문에 전화를 받거나 이메일을 보내거나 웹서핑을 하기가 힘들다. 영국 리즈의 기업가 필 먼디Phil Mundy는 장갑의 손가락 끝부분에 종이를 붙이는 아이디어를 떠올렸다. 처음에는 겨울 스포츠 시장을 겨냥해 마케팅을 시작했지만 즉각 다른 부문에서도 수요가 증가해건설 노동자들이나 냉동식품업계 근로자들 첫 물량으로 준비한 8,000개가 두 달 만에 동이 났다. 문제는 좋은 생각을 낳고, 좋은 생각은 좋은 기회를 낳으며, 좋은 기회는 비즈니스의 성공을 가져다준다.

이 이야기가 주는 중요한 교훈은 일단 기회를 포착하고 그것을 뒷받침하는 아이디어를 실행에 옮기면 또 다른 기회의 문이 열리기 시작한다는 것이다. 필 먼디는 손가락 끝에 붙이는 그 제품에 놀라운 마케팅 기회가 들어 있음을 알아차렸다. 손가락 끝을 광고 공간으로 판매해서 큰 수익을 올릴 수 있음을 깨달은 것이다.

당신도 새로운 기회가 눈앞에 활짝 열리는 경험을 해본 적이 있을 것이다. 취미 활동을 통해 새로운 기회가 많이 열렸을 수도 있다. 달리기를 즐기는 사람이라면 나날이 발전하는 실력을 느끼고 싶어서 동호회에 가입하거나 대회에 참가하거나 똑같은 취미를 가진 사람들과 교류하며 인맥을 넓힐 수 있다. 기회는 무궁무진하다. 기회의 문은 한 번 열리면 좀처럼 닫히지 않는다.

✽ Summary!

- 가슴은 기회와 함께 앞으로 나아가는 동기를 부여하고 머리는 충동적인 행동을 지그시 누르는 평형추 역할을 한다. 가장 좋은 결정은 '온전한 가슴머리'에서 나온다.

- 위험을 분석하라. 미리 계획을 세워놓으면 두려워할 필요가 없다.

- 새로운 환경에 적응할 준비를 하라. 예전의 사고방식이나 습관은 그대로라고 해도 융통성을 잃지 않으려고 노력해야 한다.

- 기회는 기회를 낳는다. 한 번의 기회를 잡으면 거기에서 또 다른 새로운 기회가 나온다.

- 제자리에 앉아 기회가 오기만을 기다리지 말고 적극적으로 움직여라. 가만히 있으면 기회는 절대로 오지 않는다. 직접 움직여야만 기회를 잡을 수 있다.

이 책은 당신에게 선택을 제시한다. 행동하느냐, 구경만 하고 있느냐는 당신의 선택에 달려 있다.

- 행동하는 사람은 좋은 일이 생기기를 바란다면 구체적인 행동을 실천해야 한다는 사실을 잘 안다.
- 구경하는 사람은 가만히 앉아서 언젠가 행운이 찾아오기만을 기다린다. 간발의 차로 행운을 놓치고는 큰 소리로 불평한다.

행운이 그들을 비켜가는 이유는 누군가 새로운 길을 깔아놓았기 때문이다. 이르든 늦든 상관없다. 시간은 언제나 우선순위와 관련이 있다. 당신에게 가장 중요한 것에 시간을 써야 한다. 행운을 부르는 습관을 가진 사람들은 스스로 행운을 만드는 것을 가장 우선순위로 친다.

내 경험에 의하면 운명론자들은 다음의 두 가지 특징이 있다.

- 좋지 않은 경험을 '인생의 조건'으로 활용한다. '남들은 운이 좋은데 나만 운이 없어. 이건 내가 어쩔 수 없는 일이야.'
- '행운'을 기다린다. 예를 들면 복권에 당첨되기만을 바란다. 엄청난 인생 낭비가 아닐 수 없다.

행운을 부르는 습관을 가진 사람들은 단호한 현실주의자들이다. 그들은 성공 가능성을 높이기 위해서 구체적인 행동을 한다. 이 책에서는 그것에 도움이 되는 행운의 조건 스무 가지를 소개했다. 행운을 부르는 사람이 되려면 항상 배우고, 대인관계 기술을 발전시키고, 실력을 개선하고, 목적의식을 가지고, 기회를 포착하고, 인간으로서 성장을 이뤄야 한다는 사실을 살펴보았다.

당신은 그것들에 대한 선택을 해야 한다. 지금까지도 그렇고 앞으로도 마찬가지다. 적극적으로 행동하는 사람이 되고 싶은가, 아니면 가만히 앉아서 기다리는 사람이 되고 싶은가? 인생의 마지막에 이르렀을 때 '난 도전했어'라고 생각하는 사람이 되고 싶은가, 아니면 직접 운명을 만들어나갈 기회를 놓치겠는가?

모두 당신의 선택에 달려 있다.